Geheimnisvolle
Unterwelt
von Wien

Robert Bouchal
Gabriele Lukacs

Geheimnisvolle Unterwelt von Wien

Keller · Labyrinthe · Fremde Welten

pichler verlag

INHALT

VORWORT

Wie jede alte Stadt verfügt auch Wien über eine verborgene Seite, die sich weithin unter den Straßen erstreckt: Vergessene Keller, rätselhafte Gänge und verborgene Tunnel, Katakomben, Brunnenschächte und Bunker formen ein faszinierendes Labyrinth. Wien, diese auf eine lange Geschichte zurückblickende Metropole, ist in stetigem Wandel begriffen. Dabei werden die verborgenen Schauplätze der Vergangenheit des Öfteren unzugänglich oder gar vernichtet. Gelegentlich öffnet sich bei Bau- oder Abbrucharbeiten im Untergrund ein Loch. Manchmal stürzen sogar ganze Gewölbe ein und gewähren uns einen kurzen Blick in den Untergrund. Wir, der Höhlenforscher und Fotograf Robert Bouchal und die Fremdenführerin Gabriele Lukacs, sammeln seit Jahren unzählige Hinweise und gehen diesen nach. Wir beobachten den Wandel und die stetige Veränderung. Neben den ständigen Forschungsarbeiten vor Ort sind wir immer auf der Suche nach einem neuen Zugang zu Wiens Unterwelt. Wir durchforsten Bibliotheken und Archive, befragen Zeitzeugen des letzten Weltkriegs. Wir sprechen mit den Menschen, die in dieser Stadt leben und die ein Teil ihrer Geschichte sind. Der wichtigste Zugang besteht allerdings darin, die Orte unter der Erde selbst aufzusuchen und zu erleben. Wir dokumentieren diese Welt, um sie in unser aller Erinnerung zu rufen. Sie soll nicht in Vergessenheit geraten. Wir laden Sie, liebe Leserinnen und Leser, ein, mit uns in Gedanken in die Welt ohne Sonne abzusteigen und zu staunen, so wie wir das tun.

Viel Vergnügen dabei wünschen Ihnen

Gabriele Lukacs und Robert Bouchal

Die Zeit scheint hier stehengeblieben zu sein: Vorbei an historischen Heizungsgeräten führt der Weg in die Tiefen der Unterwelt.

Seite 2/3: Spannende Entdeckung im Licht unserer Lampen: die Kellerwelt unter der Wipplingerstraße.

Seite 4/5: Verriegelte Türen trennen uns von den Orten der Dunkelheit.

Seite 6/7: Unerklärlich die Existenz des „Eisernen Ganges“. Tafeln aus verrostetem Metall bilden einen rätselhaften Kellergang.

ABGRÜNDE TUN SICH AUF

Zahlreiche Gänge aus alter Zeit durchziehen den Untergrund Wiens, manche sind bis heute unbekannt geblieben.

Öffnet sich der Boden aus völlig unerklärlicher Ursache und ohne menschliches Zutun, so erregt das natürlich Aufsehen. So geschah es am 31. August 2009, einem heißen Sommertag. Ohne jedes vorherige Anzeichen tat sich plötzlich ein riesiges Loch an der Wiener Ringstraße auf, dessen Tiefe fünf Meter betrug. Unter den Augen der verdutzten Passanten versank eine sechs Meter hohe Pappel darin. Man rätselte herum, wie das hatte geschehen können. Selbst die herbeigerufene Exekutive konnte keine Antwort auf die Frage finden, warum das Erdreich plötzlich nachgegeben und sich der Hohlraum gebildet hatte.
In den Zeitungsberichten darüber las man nichts über jene unbekannten Gänge aus älterer Zeit, die Wien durchlöchern und durchziehen: über Gänge, die in Kriegs- und Belagerungszeiten gegraben und längst wieder vergessen worden waren; über Tunnel und Stollen, die unter der Stadtmauer hindurch für die Versorgung einer eingekesselten Stadt notwendig gewesen waren; aber auch über Gänge, die für Spionagezwecke und nicht zuletzt für amouröse Geheimtreffen verwendet worden waren; über unterirdische Verbindungswege, die so geheim waren, dass sie in keinem Plan eingezeichnet wurden und daher bis heute unbekannt geblieben sind. Es werden sich also auch weiterhin ganz unerwartet Löcher vor den erstaunten Augen der Wiener auftun. Dem Rätsel um deren Herkunft versuchen wir im vorliegenden Buch nachzugehen und Licht in die geheimnisvolle Unterwelt Wiens zu bringen.

I. Kapitel
Geheimnisvolle Unterwelt

DIE ALTMANN'SCHE WACHSZIEHEREI

1., Sonnenfelsgasse 15

Seite 12/13: Ein unterirdischer Renaissance-Palast in der Bräunerstraße.

Die Sonnenfelsgasse gehörte im 12. Jahrhundert zur nördlichen Begrenzung der Wiener Handelsvorstadt, sie hieß ursprünglich Bäckerstraße. 1862 wurde sie nach Josef von Sonnenfels (1733–1817), dem Verwaltungsreformer und Ratgeber Maria Theresias, umbenannt. Das unter Denkmalschutz stehende Haus Nummer 15 ist das älteste erhaltene Gebäude in dieser Gasse, es stammt aus dem ausgehenden 15. Jahrhundert und ist eines der schönsten Renaissance-Wohngebäude der Stadt. Sein Portal führt in eine breite Einfahrt mit Tonnengewölbe und Stichkappen. Im Innenhof sieht man noch die umlaufenden mehrstöckigen Balkone, die man hier Pawlatschen nennt und über die man die Wohnungen erreicht. Besonders bemerkenswert sind die zwei Stockwerke tief reichenden Keller. Die überraschend steil nach unten führende Treppe ist auf dem Titelfoto abgebildet. Die außergewöhnlich hohen unterirdischen Räume haben noch ihre vermutlich gotischen Steinbogendurchgänge, und steinerne Wendeltreppen erschließen die Stockwerke. Sowohl die Nachbarhäuser als auch das gegenüberliegende Restaurant stehen unterirdisch mit diesem Keller in Verbindung.

Das Haus beherbergte im Laufe seiner Geschichte viele berühmte Menschen, wie die österreichische Dichterin Enrica von Handel-Mazetti (1871–1955), die hier viele Jahre ihres Lebens verbrachte und einige ihrer wichtigsten Werke verfasste. Sehr bekannt wurde die 1883 amtlich eingetragene Wachszieherei des k. u. k. Hoflieferanten Josef Altmann, deren Hauptniederlassung sich hier befand.

Der Betrieb verfügte über Dampfmaschinen und besaß eine Wachsbleiche, daneben erzeugte er Pechfackeln. Altmann beleuchtete damit das

Die mystische Stimmung im Keller der Sonnenfelsgasse lässt uns in die Vergangenheit gleiten. Hier befand sich die ehemalige Wachszieherei des k. u. k. Hoflieferanten Josef Altmann. Sie belieferte die gesamte Donaumonarchie.

Kunsthistorische sowie das Naturhistorische Museum, Hofburg, Schloss Belvedere, Schloss Augarten, die Hofoper und das Hofburgtheater. Seine Produkte waren nicht nur innerhalb Österreich-Ungarns gefragt, sondern wurden europaweit vertrieben.

Heute sieht man nichts mehr von dem alten Betrieb. Die Dampfmaschinen sind verschwunden, die Gewölbe stehen leer. Auffällig sind jedoch mehrere Ziegelwände, die nicht in geschlossener Bauweise, sondern offen, ähnlich wie Weinregale, errichtet sind. Möglicherweise handelt es sich um Belüftungsgitter oder aber um Regale für die Lagerung der Kerzen. Die Firma existiert an anderer Stelle (Am Hof 5/Heidenschuss 1) noch heute, das Gebäude in der Sonnenfelsgasse aber gehört jetzt zum Immobilienbesitz der Gemeinde Wien.

Die Dampfmaschinen sind verschwunden, die Gewölbe stehen leer.

DAS VERGESSENE KELLERTHEATER

1., Annagasse 3

Der Annenhof

Der Annenhof diente im Mittelalter als Pilgrimhaus für Mittellose, gestiftet im Jahre 1418 von der Wiener Bürgerin Elisabeth Wartenauer. 1518 wurde die Annakirche als spätgotische Saalkirche errichtet. Als Haus und Kirche nach der 1. Türkenbelagerung leer standen, wurden sie auf landesfürstlichen Befehl von der Stadt an die Clarissen überge-

Geselliges Treiben im unterirdischen Tanzsaal des Annahofes. Josef Löwy, um 1900.

ben und gingen 1582 in den Besitz der Jesuiten über. Nach der Auflösung des Ordens wurde im ehemaligen Klostergebäude die „Wiener Normalschule" untergebracht, zu deren Schülern später auch Schubert und Grillparzer zählten.

Der Annakeller oder Jesuitenkeller darunter aber war eine Wiener Attraktion: Über 24 Stufen gelangte man hinunter in einen riesigen Tanzsaal, der über einen eigenen Orchestergraben verfügte, daneben gab es noch einen kleineren Tanzsaal und einige Gasträume. Josef Daum (1789–1854) mietete den Keller und eröffnete dort am 1. März 1840 das „Neue Elysium", ein luxuriöses Vergnügungsetablissement mit Eingang von der Johannesgasse, das bald zu einer der Hauptattraktionen im Wien des Biedermeier wurde und eine „unterirdische Wanderung durch die Welt" bot: Unter anderem waren ein ägyptisches Zaubergemach, der chinesische Kaiserpalast, der Harem des Sultans und ein Urwald voller Papageien und Affen zu bestaunen. Das Lokal bestand bis 1864. In einem Teil des Kellers befindet sich heute das Metro-Kino.

Nach dem Abbruch des Klostergebäudes errichteten die bekannten Wiener Baumeister Dehm und Olbrich 1895 den neuen Annenhof für den Ballonfahrer Victor Silberer (1846–1924) als Wohn- und Restaurationsgebäude. Im mehrstöckigen Keller und im Souterrain entstand das Revuetheater „Tabarin", das über einen prunkvollen Ballsaal nach Pariser Vorbild verfügte. Er bot bequem Platz für 2500 Gäste und war Schauplatz glanzvoller Feste der feinen Wiener Gesellschaft. Ab 1910 erfolgten einige Umbauten, man halbierte den ehemaligen großen

Das heute modernisierte Theater auf dem Weg in die neue Zeit.

Ballsaal, der zuletzt als „Bierwirtschaft" gedient hatte, und baute das Kellergeschoß zum Theatersaal um. Der Saal bot nun nur mehr 400 Besuchern im Parkett und in den seitlich erhöhten Logen Platz, er wurde zum Kabaretttheater umfunktioniert. 1923 wurde Hans Moser hier durch seinen „Dienstmann-Sketch" in der Farkas-Revue „Wien gib Acht" schlagartig berühmt. 1924/25 zog das Robert-Stolz-Revuetheater ein. 1927 übernahm Fritz Grünbaum die Bühne und gründete das „Boulevard-Theater". Die Kriegsjahre bescherten dem viel besuchten Etablissement zwar das Ende, doch wurden und werden die Räume bis zum heutigen Tag genutzt.

Die legendäre Tenne

Nach dem Zweiten Weltkrieg eröffnete der bekannte Jazzmusiker Fatty George (Franz Georg Pressler, 1927–1982) das erste Jazzlokal Wiens in den umgebauten Kellerräumlichkeiten. Die wertvollen Tapeten verschwanden hinter Holzverkleidungen, die Theaterlogen wurden zu Sitznischen, die Bühne zur Tanzfläche für das begeisterte Publikum. Um 1960 wurde daraus die berühmte Diskothek „Tenne", der In-Treffpunkt der damaligen Wiener Schickeria. Aus der Zeit stammt die unansehnliche Betonzwischendecke, welche die prachtvollen Fin-de-Siècle-Stuckverzierungen an der Decke verbarg. Die „Tenne" schloss im April 2004. In die Räume, wo zuvor die „Bambis", Udo Jürgens und Gus

Backus ihre Evergreens schmetterten, zog eine Burger-King-Filiale ein. Auch diese verbarg unter Neon-grüner und orange-roter Wandbemalung die einstige Pracht des Architekturjuwels. Einzig eine wandfüllende Fotografie des alten Theatersaales im Eingangsbereich des Fastfood-Tempels erinnert noch an die Aufführungen im Kellertheater des Hauses. Man hatte fälschlich angenommen, dass die Dekoration zerstört wäre und nichts mehr an den alten Zustand erinnern würde. Die diversen Jazzclubs, Discos und Bars hatten jedoch kein Geld in Umbauten investiert und so war zum Glück alles erhalten geblieben. Neu entdeckt wurde die Pracht 2009 von einem jungen Unternehmer, der in den über tausend Quadratmeter großen Kellerräumen des imposanten Annenhofes einen repräsentativen Verkaufsraum für sein Art-&-Style-Shop plante. Zu seiner und des Bundesdenkmalamtes Überraschung fand er hinter der vermoderten Holzverkleidung der ehemaligen Diskothek „Montevideo" und späteren „Piano Bar" die Wandtapeten und Stuckelemente des Ballsaales.

Das Boulevardtheater im Keller

Wertvolle Wandtapeten, mit Geschick restauriert und für die Nachwelt erhalten.

Leider waren die Tapeten bei ihrer Wiederentdeckung in einem sehr schlechten Zustand. Teilweise übermalt oder gänzlich zerrissen, waren nur mehr Reste der Originalausstattung vorhanden. Trotzdem entschied man sich für die Wiederherstellung. Am „Tag des Denkmals"

2010 konnten die Besucher im Souterrain und im Keller des Annenhofes das erste Mal nach über 50 Jahren hinter die Kulissen einer längst vergangenen und fast vergessenen Epoche der österreichischen Unterhaltungskultur der Zwischen- und Nachkriegszeit blicken. Der restaurierte Theatersaal in der Ausstattung von 1910 mit den unschätzbaren Tapeten Otto Prutschers (1880–1949) sowie der Bühnenraum und der Orchestergraben konnten der Öffentlichkeit vom neuen Mieter gemeinsam mit dem Bundesdenkmalamt vorgestellt werden. Die reizvollen Tapeten im Stil der Secession zeigen *das wilde Wuchern des tropischen Dschungels ... stark farbige Pflanzenranken und Papageienvögel verschlingen sich vor einem eleganten, tiefschwarzen Fond.* Die aufregende Geschichte der Wiederentdeckung des Boulevardtheaters im Annenhof wird in einer kleinen, vom Bundesdenkmalamt herausgegebenen Broschür der Reihe *wiederhergestellt* beschrieben. Der restaurierte Theatersaal wurde zum „Art & Style Fashion Theatre", einem Erlebnisshopping mit Bühne, Bar und Sonderkollektionen, umgebaut.

DER VERBORGENE NOTENSCHATZ

1., Dorotheergasse 10, Palais Dietrichstein · Musikhaus Doblinger

Das ehemalige Palais Dietrichstein erstreckte sich einst bis in die Bräunerstraße 5. Das barocke Gebäude wurde um 1650 von Sigmund Graf Dietrichstein errichtet, gelangte 1688 in den Besitz von Hartmann Fürst Liechtenstein und danach in den seiner Witwe Antonia. Im 19. Jahrhundert wurde das Palais vom Hofzuckerbäcker August Dehne (1796–1875), dem Gründer des heutigen Demel, erworben, bevor es zur bekanntesten Wiener Musikalienhandlung wurde.

Der Musikverlag Doblinger

Der Name Doblinger gilt den Wienern fast schon als Synonym für alles Gedruckte aus der Welt der Musik. Generationen von Schülern, Studenten und Musikern versorgten sich in dem Musikhaus mit Notenmaterial. Es befindet sich noch immer im Besitz der Familie Doblinger und wird heute vom Ururenkel des Gründers geführt. Er schreibt in seiner unveröffentlichten Hauschronik darüber: *Die Tätigkeit des Musikverlags und des Musikhauses Doblinger in der Wiener Dorotheergasse 10 gründet sich auf eine ursprünglich seit 1817 existierende Wiener Musikalienhandlung, die nach dem Tod ihres Besitzers Friedrich Mainzer zunächst von des-*

Das Schild aus dem Luftschutzkeller von 1944.

sen Witwe weitergeführt und schließlich 1857 von Ludwig Doblinger (1816–1876) übernommen wurde. Nach einigen Standortwechseln, u. a. neben das Kärntnertortheater (heute Hotel Sacher), erfolgte 1873 die Übersiedlung an die heutige Adresse, in das ehemalige barocke Palais Dietrichstein. Bereits im Jahr der Übernahme der Musikalienhandlung und des Antiquariats durch Bernhard Herzmansky sen. (1852–1921) begann 1876 eine vielseitige musikverlegerische Tätigkeit, die dem Namen Doblinger rasch internationale Bekanntheit brachte. Das Verlagsprogramm umfasst heute an die 15.000 Titel und enthält zeitgenössische Musik, Alte Musik, pädagogische Ausgaben und Spielliteratur, Wiener Musik, die Doblinger Johann-Strauß-Gesamtausgabe, Kirchen- und Chormusik, Bühnenwerke sowie zahlreiche Orchesterwerke, die als Kauf- oder als Leihmaterialien vorliegen.

Linke Seite: Die Wendeltreppe zum verborgenen Notenschatz.

Der Schatz im Keller

Im Keller des Hauses lagert ein musikalischer Schatz von Weltrang, annähernd das gesamte musikalische Welterbe: eine der größten Notensammlungen der Welt. Der derzeitige Hüter des Schatzes ist Thomas Veinfurter, der uns einen Einblick in die unterirdische Schatzkammer gewährte. Über eine schmale Eisentreppe führt der Weg hinunter in sein Reich, bereits die Wendeltreppe fasziniert durch ihre reiche, kunstvolle Ausführung. Was aber dann zu sehen ist, übersteigt jede Vorstellung.

Das zweistöckige Kellergeschoß mit seinen vier Meter hohen Gewölben ist ein Paradies für Musiker und Musikbegeisterte. Seit dem Jahr 1876 wird hier alles aufbewahrt, was je im Verlag erschienen ist, inzwischen bereits ca. 15.000 Titel. Die reproduzierten Musiknoten, -hefte und -bücher sämtlicher Komponisten liegen und stehen auf 135 Jah-

15.000 Titel werden hier gelagert. Manche auf 135 Jahre alten Holzregalen.

Geniestreiche der Musikwelt: kostbares Notenmaterial aus 135 Jahren.

Penible Ordnung: Regale und Fächer sind mit einem Code beschriftet.

re alten, massiven Holzregalen. Die Musikalien sind zwar alphabetisch angeordnet, Regale und Fächer jedoch mit einem Code beschriftet, den wohl nur der Meister der Regale kennt, Thomas Veinfurter. Er ist der Leiter von Auslieferung und Versand der Druckschriften und findet jedes Stück auf einen Griff, jedes Werk von Hunderten von Komponisten. Die Notenblätter werden nicht nur verkauft, sondern häufig auch verliehen. Wer nun meint, es müsse modrig riechen oder es würden gar Feuchtigkeit und Schimmel an der wertvollen Sammlung nagen, der irrt: Die Gewölbekeller sind staubtrocken. Einzig das alte Steingutrohr des Haussammelkanals im zweiten Untergeschoß gibt Anlass zur Sorge: Es verläuft nämlich oberhalb der Holzregale und deren unschätzbaren Inhalts quer durch den gesamten Raum. Nicht

auszudenken, welcher Schaden entstünde, sollte der Fäkalienkanal einmal schadhaft werden ...
Wie so viele andere Wiener Keller wurden auch sie während der Bombenkriegsjahre 1944/45 als Luftschutzräume verwendet: Fluoreszierende Leuchtstreifen und Pappe-Tafeln an den Ziegelwänden mit Bezeichnung der Sicherheitsausgänge zeugen noch heute davon. Das unterirdische Notenreich ist nicht öffentlich zugänglich. Im original erhaltenen Barocksaal des Hauses finden gelegentlich Konzerte statt.

DER UNTERIRDISCHE RENAISSANCE-PALAST

1., Bräunerstrasse 5

Unter dem ehemaligen Adelspalais in der Bräunerstraße 5 verbergen sich zweigeschossige Pfeilerhallen aus der Zeit der Renaissance. Diese unterirdischen Säulenhallen fand man bei der letzten Renovierung im Jahr 2007 und stellte sie anlässlich des Tages des Denkmals der Öffentlichkeit vor. Überraschenderweise haben sich diese gewaltigen Palasthallen völlig intakt erhalten, obwohl das Gebäude im Laufe seiner 400-jährigen Geschichte öfter umgebaut wurde und viele verschiedene Besitzer hatte.

Erst 2007 entdeckt: Unter der Privatuniversität in der Bräunerstraße verbergen sich mächtige zweigeschossige Pfeilerhallen.

Das zweite Kellergeschoß: Eine mächtige Säule stützt die unterirdische Halle.

Das Haus wurde in der Spätrenaissance vom kaiserlichen Regimentsrat Oswald Philipp von Eyczing (Eitzing) als repräsentatives Stadthaus mit Garten errichtet. Nach dem Aussterben der Eitzinger gelangte der Besitz über ihre Erbtochter an deren Sohn Christoph Freiherr von Bräuner (1569–1651), der auch das Wappen der Eitzinger übernahm. Er galt als Finanzgenie und wurde zu einem der reichsten Männer des Landes, konvertierte zum Katholizismus und diente drei Kaisern als Ratgeber. Die Bräunerstraße wurde nach ihm benannt. Um 1785 wurde das Gebäude in ein Kontor- und Handelshaus umgebaut und erhielt eine neue frühklassizistische Fassade sowie ein neues Treppenhaus. In der frühen Gründerzeit wurde es um zwei Geschosse aufgestockt und um einen Hoftrakt erweitert. Um 1994 ging nach dem Umbau in ein Amtsgebäude des Innenministeriums sein ursprünglicher Charakter weitgehend verloren, 2005 wurde es jedoch wieder auf die originäre Substanz zurückgeführt und 2007 als „Konservatorium Wien Privatuniversität" eröffnet.

Über die Hauptstiege gelangten wir in das erste Kellergeschoß und in die nach dem Rückbau der Zwischenwände dort untergebrachten vier Probenräume, die von der Abteilung Jazz genutzt werden. Die Jazzmusiker können sich hier in originellem Ambiente unter nicht verputzten Ziegelgewölbedecken aus der Spätrenaissance nach Herzenslust austoben. Das zweite Kellergeschoß darunter hat sich noch in seiner alten Pracht erhalten: Riesige Säulenhallen, zugänglich über Wendeltreppen aus den Obergeschoßen, erstrecken sich unter das gesamte Gebäude.

Niedrige Kellergänge führen zu den Nachbarhäusern. Das vielzitierte unterirdische Netz der Innenstadt ist hier noch erhalten. Im ersten Säulenkeller der „Konservatorium Wien Privatuniversität" finden gelegentlich Jazzaufführungen für Publikum statt.

Der einstige Abgang in den tiefsten Kellerteil. Heute abgemauert und unzugänglich.

DIE PORTA DEXTRA – FUNDAMENTE AUS DER RÖMERZEIT

1., Ertlgasse 4/Kramergasse 11

Der Straßenverlauf der Ertlgasse folgt der römischen Lagermauer. Außer an einem kurzen Mauerstück im Bereich der Ertlgasse, vom Forscher Alfred Neumann 1971 als Teil des rechtsseitigen, 20 Meter hohen Torturmes der „Porta Principalis Dextra" identifiziert, hatte man dessen Standort archäologisch lange nicht nachweisen können. So bedeutete es im Jahre 2010 eine kleine Sensation, als das rechte Lagertor unter dem Eckhaus Kramergasse 11/Ertlgasse 4 endlich lokalisiert werden konnte. In einem der tiefsten Keller Wiens, vier Stockwerke tief unter der Erde, kamen die Römersteine bei einer Renovierung zum Vorschein.

Die Unternehmerfamilie Haas besitzt in dem Eckhaus seit Jahrzehnten ein Geschäftslokal, das sich vom Erdgeschoß bis in die vier Kellerge-

Die Porta Dextra: römische Torreste im 4. Kellergeschoß

schoße erstreckt. Während des Zweiten Weltkrieges hatten sie als Luftschutzkeller gedient, die Mitglieder der Familie sollen damals das Stadtzentrum unterirdisch schneller durchquert haben als oberirdisch. Nach dem Krieg nutzte man die Kellerräume als Lager, später betrieb die Familie hier ein Korbwarengeschäft. Ab 2010 widmete sie sich einem neuen Geschäftszweig: dem Vertrieb von Delikatessen aus heimischer Erzeugung, verbunden mit einer Präsentation österreichischer Kultur. Bei den nötigen Renovierungsarbeiten fand man bemerkenswerte römische Reste, wie Friesplatten, Simsstücke und Zinnen, Teile der Wände bestehen aus den mächtigen Steinquadern des Lagertors. Man fand aber auch einen mittelalterlichen Brunnen, der leider im Zuge der U-Bahnarbeiten zugeschüttet werden musste. Er wurde aber dekorativ beleuchtet und in Szene gesetzt.

Die Josephinische Säule

Eine noch größere Überraschung bereitete aber die Entdeckung einer „Josephinischen Säule“ im ersten Untergeschoß. Dabei handelt es sich um eine mächtige Steinsäule, die als Verstärkung des Kellergewölbes im Jahr 1711 eingesetzt worden war. Diese Art von Säulen ist nach Kaiser Joseph I. (1678–1711) benannt, von dem die Anordnung stammte, sämtliche Kellergewölbe entlang der damaligen Rotenturmstraße zu verstärken. Dies hatte einen wichtigen Grund: Nach dem Ende der Türken-

kriege hatte der Kaiser im Jahr 1710 dem Wiener Stuckgießer („Stuck" ist eine alte Bezeichnung für Geschütz) Johann Achamer (1650–1712) den Auftrag gegeben, die von den Türken zurückgelassenen Kanonen einzuschmelzen und daraus eine Glocke für den Stephansdom zu gießen. So entstand die erste „Pummerin" in der Gießerei in der Stuckgasse, der heutigen Burggasse 55. Da die Glocke mit ihren 22.512 Kilogramm und einem Durchmesser von etwa 3,2 Metern sehr groß und schwer war und durch kein anderes Stadttor als das Rotenturmtor hindurchpasste, mussten eben alle Keller entlang der Rotenturmstraße für den Transport verstärkt werden.

Die letzte josephinische Säule im Keller von „Haas & Haas Porta Dextra".

Auf der Suche nach weiteren solchen Säulen wurden wir leider nicht mehr fündig: Das Nebenhaus Kramergasse 13 wurde abgerissen, ein moderner Hotelbau an seiner Stelle errichtet. Im zwölf Meter tiefen, vierstöckigen Keller hatte sich aber tatsächlich so eine Säule befunden, wie von den Bauarbeitern zu erfahren war, und ebenso im gegenüberliegenden Gebäude in der Rotgasse, das zum selben Hotelkomplex gehört. Erschwert wurde die weitere Suche durch den Umstand, dass die Rotenturmstraße heute einem anderen Verlauf als zur damaligen Zeit folgt. Dies ist nicht nur an Hand alter Pläne feststellbar, sondern auch an der Bezeichnung der kurzen Quergasse von der Rotenturmstraße zum Rabensteig, die ebenfalls den Namen Rotenturmstraße führt – was so manchen Adresssuchenden schon zur Verzweiflung getrieben hat. Die Verlegung des Straßenzuges hatte die Quergasse erst entstehen lassen. Nur eine einzige weitere Josephinische Säule konnte

Rechte Seite oben: Inmitten wertvoller Weine ist dieser Versammlungsort für die Tafelrunde im Beguinenkloster geschaffen worden.

Rechte Seite unten: Ein magischer Ort: der Kreuzungspunkt der Kellergänge.

noch entdeckt werden, und zwar im ersten Untergeschoß des Zwölf-Apostelkellers in der Sonnenfelsgasse. Sie soll bei Abbrucharbeiten eines Hauses der Rotenturmstraße gerettet worden sein und wurde zur Gewölbeverstärkung in besagtem Weinkeller verwendet.

2.000 Jahre Geschichte auf vier Kelleretagen

Die Haas'sche „Porta Dextra" ist kein reines Verkaufslokal, sondern ein Veranstaltungszentrum, in dem – passend zu den österreichischen Spezialitäten – *das Land Österreich in seinen vielfältigen Facetten* gezeigt wird, wie Peter Haas betont. Er möchte nicht nur die Geschichte des Hauses bewahren, sondern heimischen Künstlern und Fotografen eine Plattform zur Präsentation ihrer Werke bieten. Platz genug ist in den vier Stockwerken unter der Erde vorhanden. Und so werden heute wieder Feste gefeiert, wo dies sicherlich schon bei den Römern vor zweitausend Jahren geschah. Die 4-geschossigen Keller der „Haas & Haas Porta Dextra" können während der Geschäftszeit von Montag bis Freitag 9:00–19:00 Uhr und Samstag 9:00–18:00 Uhr besichtigt werden.

DER KELLER IM BEGUINENKLOSTER

1., Fleischmarkt 19

Das Gebäude des einstigen Laurenzerklosters wird von vier Straßenzügen umschlossen, dem Fleischmarkt, dem Laurenzerberg, dem Auwinkel und der Postgasse. Tief unter dem Laurenzerberg existiert noch heute einer der ältesten mittelalterlichen Klosterkeller von Wien. Enorme Gewölbekeller, mehrere tausend Quadratmeter groß, erstrecken sich auf vier Stockwerken in die Tiefe.

Lange lagen die während der Bombennächte als Luftschutzkeller dienenden Keller ungenutzt da, bis sie von Brigitte Dvorak, der Gründerin und Präsidentin des Clubs „Der Keller", renoviert und adaptiert wurden, die sich damit einen Kindheitstraum erfüllte: Aufgewachsen mit den Sammlungsstücken ihres Großvaters, mit Schwertern, Rüstungen und Hellebarden, hatte sie ein Leben lang von einer eigenen Ritterburg geträumt, die hier als ihr Lebenswerk Gestalt annahm: Seit nunmehr 15 Jahren besteht in den alten Gewölben des Laurenzerklosters ein Rückzugsort aus der

Edle Tropfen für die „Weinritter".

Hektik unseres Alltags und dient als Refugium für die Clubmitglieder, die *eines Sinnes, aber nicht immer einer Meinung sind*. Eines der Mitglieder ist der *Ordo Equestris Vini Europae*, die „Europäische Bruderschaft der Weinritter", die hier ihren Ordenssitz hat. Allein 400 Quadratmeter des vierten Untergeschoßes umfasst der Club-Keller. Dort können sich die Ritter wie einst die Tafelrunde von König Artus, im 15 Meter langen und zwölf Meter breiten Hauptkeller versammeln oder im „Labyrinth", den Seitengängen des Kellers, ihre dort eingelagerten edlen Tropfen genießen. Vermutlich handelt es sich beim Hauptraum um die einstige Unterkirche, über der sich das Hauptschiff der Klosterkirche befand. Der Kellersaal verströmt eine äußerst wohltuende, friedliche Atmosphäre, seine neutrale Schwingung wurde von Radiästheten festgestellt: Im einstigen Altarbereich fand man Kreuzungen von Wasseradern, die für anregende Energieströme sorgen.

Die Geheimgänge der Dominikaner

Die heutige Biberstraße erinnert noch an die urkundlich genannte *urbs apud portam Pybronis*, wo Przemysl Ottokar II. im Jahr 1276 auf den Mauern einer vermuteten älteren Stadtbefestigung beim Bibertor eine neue errichten ließ. Die Umwandlung des Bollwerks in ein Kloster vollzog sich unter den ersten Habsburgern, möglicherweise geht sein Beginn auf eine kleine Beguinen-Gemeinschaft zurück, die jedoch urkundlich nicht nachweisbar ist. Diese in Wien meist einzeln und ohne Ordensregel lebenden Frauen wurden von der Kirche generell der Häresie verdächtigt und schlossen sich vor allem in Frankreich bald den Dominikanerinnen an, da die Dominikaner mit dem Kampf gegen die Irrlehren betraut waren. Die erste Dominikanerniederlassung in Wien erfolgte schon 1226 im ehemaligen Templersitz „Maria Rotunda" unweit des Laurenzerberges, die Entstehung des weiblichen Zweiges auf dem Laurenzerberg geht auf 1301 zurück. Dies erklärt das nachweisliche Vorhandensein unterirdischer Verbindungsgänge: Heute sind nur noch zwei erhalten. Einer führt in das dritte Untergeschoß des Theaters in der Drachengasse, der andere bis unter die Häuser der Laurenzerberggasse. Vermutlich konnte man einst unterirdisch bis zum Dom gelangen, die Verbindung dorthin ist heute jedoch unterbrochen. Bezeugt werden können aber jene unterirdischen Gänge, die durch die Keller der Postdirektion, durch die Tiefen der Barbarakirche bis zum Dominikanerkloster führen und während des Zweiten Weltkriegs als Fluchtwege dienten. Die Legende über die unterirdischen Verbindungen zwischen den Wiener Klöstern kann im Fall des Laurenzer- und des Dominikanerklosters durch den Lokalaugenschein von uns als wahr bestätigt werden.
Nachdem die Dominikanerinnen 1349 alle an der Pest gestorben waren, kamen Nonnen des Augustinerordens vom Oberen Werd in das

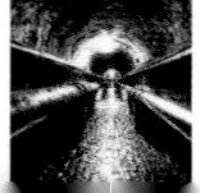

Kloster. Da es von Wiener Bürgern und von den Landesfürsten wiederholt große Zuwendungen erhielt, zählte es um 1450 zu den reichsten Klöstern. Um 1500 konnte es einen nebenan gelegenen Meierhof erwerben, wo Wohnungen errichtet wurden, deren Vermietung gutes Geld einbrachte. Die Nonnen blieben im 16. Jahrhundert auch nicht vom Geist der Reformation verschont, ihre Sitten verfielen. 1586 stellte eine Visitation fest, dass sie Weinberge, Äcker und silberne Gefäße verkauft, ferner *sich mit ungewassertem Wein bezecht, lutherische Bücher gelesen und mit liederlichen Studenten gesungen, gezecht und gespielt* hätten. Nach dem Sieg der Gegenreformation blühte der Orden wieder auf und baute das bereits baufällige Kloster 1643 um. Durch den Ankauf benachbarter Grundstücke und Häuser wurde der Komplex auf die heutige Größe erweitert. Aus der Barockzeit hat sich in einem Keller noch ein wertvolles Fresko erhalten, welches die Auferstehung der Toten darstellt.
Waren es zuerst nur Mädchen aus dem Adel und dem reichen Bürgertum, die im Kloster ihre Erziehung erhielten, so wurde dort unter Maria Theresia eine Normalschule für Mädchen eingerichtet. Offenbar war sie nicht sehr effizient, denn Joseph II. hob den Orden zugleich mit vielen anderen im Jahre 1783 auf, 1819 wurde das Kloster größtenteils abgerissen und das Areal mit einem Amtsgebäude verbaut. Unter anderen Hofämtern befand sich hier die Hofbuchhaltung, 1875 zog die k u. k Postverwaltung ein und eröffnete das erste Rohrpostamt von Wien. Der Zweite Weltkrieg setzte dem Haus erheblich zu, zwei Bombentreffer beschädigten es schwer. 1991 wurde der Umbau unter Einbeziehung der ältesten Bauteile für die österreichische Postsparkasse begonnen. Die historische Bausubstanz umfasst den ehemaligen Kloster-Kreuzgang, das heutige Postamt, und den Kapitelsaal, heute Passage.

EISGRUBEN UND EISKELLER

1., Petersplatz 11/Goldschmiedgasse 10

Im Zeitalter der Kühlschränke macht man sich wenig Gedanken darüber, wie wohl in früheren Jahrhunderten Lebensmittel gekühlt, konserviert und gelagert wurden. Doch schon seit dem frühen Mittelalter schnitt man im Winter Eisblöcke aus der zugefrorenen Donau (dem heutigen Donaukanal) oder aus eigens angelegten Eisteichen. Das Blockeis wurde mit Pferdefuhrwerken direkt zu den großen Abnehmern, den Adelshäusern und vor allem den Gaststätten gebracht, die alle über mehr oder weniger gut isolierte, tief gelegene Eiskeller verfügten. Darin lagerten die Käufer das Eis, das sich dort lange hielt, im günstigsten Fall bis in den Sommer hinein. Das galt wenigstens für die Eiskeller der Hofburg, die mittels einer das Gewölbe überspannenden

Rechte Seite: Reich verzierter Eingang „zum Eisgrübl“. Erinnerung an die Eisgruben vergangener Zeiten.

Die prachtvolle Fassade des Gründerzeithauses.

Kupferschicht bestens isoliert waren. Das Kühlgut, wie Fleisch, Würste, Speckseiten oder Milch, Butter, Käselaibe und dergleichen wurde übrigens nie direkt auf die Eisblöcke gelegt, da sonst „Gefrierbrand“ drohte, sondern man hängte es an Stangen hoch darüber. Mit der Einführung der Kältemaschine Ende des 19. Jahrhunderts begann die Umstellung der Kühlung bei den Großbetrieben und Brauereien. Kleinere Eiskeller wurden aber noch bis zum Anfang des 20. Jahrhunderts errichtet und vereinzelt bis in die 1950er-Jahre genutzt.

Das „Eisgrübl“ am Petersplatz

Mitten in Wien: Erinnerungstafel an das alte „Eisgrübl“.

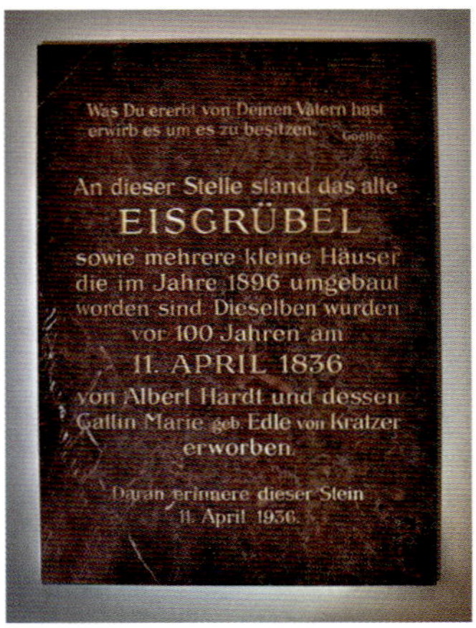

Der „kleine“ Wiener konnte sein Blockeis entweder beim mobilen Händler vom Pferdefuhrwerk herab oder aber in einem der „Eisgrübl“ kaufen, ein solches befand sich noch bis 1836 auf dem Petersplatz. Die Wiener Stadtgeschichte erwähnt erstmals 1453 das „Eisgrübl“ auf dem „St. Peters Freythof“ neben dem Freisinger Hof, 1559 hieß der Platz „unter den Eisnern“. Dort standen seinerzeit fünf kleine Häuser, welche den Standplatz der Blockeisverkäufer, das „Eisgrübl“, umschlossen. Sie lagerten ihre Eisblöcke bis zum Verkauf in den Kellern der fünf Häuser, den eigentlichen Eisgrübln: Sie verfügten über einen Einfüllschacht für die großen Eisblöcke und über einen Abfluss für das Schmelzwasser im Boden. Diese Kellerräume hatten meist einen quadratischen oder rechteckigen Grundriss, manche besaßen einen pyramidenförmig nach unten abfallenden Boden.

1895 fiel das Ensemble einer Straßenregulierung zum Opfer, anstelle der fünf Häuser entstand das heutige imposante

ZUM
EISGRÜBL
10
Goldschmiedgasse
Columbus Immobilien
Goldschmiedgasse 10
Tel. (+43-1) 535 53 05
Fax (+43-1) 535 53 25
www.colliers-columbus.at
STUDIENREISEN
VERLAGSGRUPPE HERMANN

In den Kellern des Eisgrübls.

Gründerzeithaus. Dort kann man nur mehr die Aufschrift „Eisgrübl" sehen, von einer Eisgrube oder gar einem Eisteich hat sich oberirdisch keine Spur erhalten. Die Keller aber dürften aus der Zeit des Eisgrübls stammen, denn in einzelnen Kellerabteilen entdeckten wir noch Abflüsse und Rinnen. Noch im Zweiten Weltkrieg sollen Kupferauskleidungen der Deckengewölbe zum Zweck der besseren Kühlung vorhanden gewesen sein, sie sind allerdings inzwischen verschwunden.

DAS VERLIES UNTER DEM ALTEN RATHAUS

1., Wipplingerstrasse 6–8

Der älteste Gebäudeteil des Rathauses wird im Jahr 1316 erstmals urkundlich erwähnt, als es Herzog Friedrich der Schöne (1289–1330) der Stadt als Amtshaus schenkte. Es hat etliche Umbauten und Erweiterungen erlebt, seine Funktion aber bis heute erhalten. Dass es über tiefe Kelleranlagen verfügt, stand außer Zweifel, die Suche danach erwies sich jedoch als recht langwierig, da brauchbare Beschreibungen fehlen.

So erzählt zwar im *Neuen Wiener Tagblatt* vom 19. November 1943 ein sich selbst als „unerschrocken" bezeichnender Journalist in seinem Artikel *Unter den Gassen und Plätzen von Wien. Eine Kellerstadt mit drei Stockwerken* von seiner vergebliche Suche nach dem ehemaligen Kerker, der sich in den dreistöckigen Kellern unter dem Alten Rathaus befunden haben soll. Hartnäckig befragte er die Beamten etlicher Ämter und Magistratsabteilungen, die anfangs zwar bestätigten, dass

diese Keller existiert hätten, doch wusste niemand Genaueres darüber. Schließlich erfuhr er, dass diese Keller bereits 1885 zugeschüttet worden wären, und zwar anlässlich der Übersiedlung der Stadtregierung in das neue Rathaus an der Ringstraße. Man habe die Erinnerung an die schreckliche Zeit der Folterungen damit löschen wollen, wurde ihm gesagt – und schaffte es damit, ihn von seinem Wunsch abzubringen, in die Keller hinabzusteigen.

Ein Appell zur Ordnung im Keller des Rathauses.

Kerkerzellen und sogar eine Folterkammer sollen sich einst dort befunden haben, entlang der Wände seien Steinbänke angebracht gewesen. Die Verurteilten seien in Ketten gehalten und mit Eisenspangen und schweren Eisenkugeln an den Füßen an jedem Fluchtgedanken gehindert worden. Geht man jedoch der Frage nach, ob sich solche Kerker tatsächlich unter dem Rathaus befunden haben, kommen berechtigte Zweifel auf: Es finden sich nämlich keinerlei Aktenreste oder Eintragungen über sogenannte „peinliche Befragungen" im Rathaus. Im Hochmittelalter diente außerdem der Kärntnerturm als Kerker, danach das Amtshaus in der Rauhensteingasse und die Schranne am Hohen Markt. Der Bürgermeister war nicht für die Blutgerichtsbarkeit der Stadt zuständig, sondern der vom Landesfürsten damit betraute Stadtrichter. Die Hin-

Der Abgang in den Keller unter dem Alten Rathaus: War es der Abgang zum Verlies?

Vergessene Hinweisschilder für einen Gastronomiebetrieb.

Morbide Stimmung: die Reste der letzten Ausschank.

richtungen durch Enthaupten erfolgten bis ins 16. Jahrhundert meist unmittelbar nach dem Todesurteil auf dem Hohen Markt oder auf anderen Plätzen der Stadt, für andere Todesarten bevorzugte man den Rabenstein und einen Ort bei der Spinnerin am Kreuz. Da Exekutionen immer öffentlich zu geschehen hatten, gerieten sie zu einer makabren Art von Volksfesten. Das brachte aber auch die Gefahr von Befreiungsversuchen mit sich. In besonders heiklen Fällen wurde eine Hinrichtung auf landesfürstlichen Befehl daher an einen sicheren Ort verlegt, auch ins Rat-

Linke Seite oben: Der Raum der „peinlichen Befragung".

Linke Seite unten: Weit verzweigt ist das Labyrinth unter der Wipplingerstraße.

Angekettet bei Wasser und Brot saßen die Schuldner im Keller des Alten Rathauses.

haus. So wurde der ungarische Aufständische Franz III. Graf Nádasdy dort in der Bürgerstube am 30. April 1671 enthauptet, woran noch eine Gedenktafel erinnert. Einige wenige andere Personen, ebenfalls Fälle von landesfürstlicher Kabinettsjustiz, wurden im Verlies enthauptet, das es tatsächlich gab. Die Stadtobrigkeit hatte damit nichts zu tun. Gruselgeschichten über städtische Folterkammern unter dem Rathaus sind daher eher in den Bereich der Sage zu verweisen.

Wenn also eine nunmehr pensionierte Beamtin, deren Büro sich direkt über der Folterkammer befunden haben soll, jahrelang die Seufzer von Verurteilten aus dem Keller vernommen haben will, so handelte es sich bei den Delinquenten in den meisten Fällen nicht um Mörder oder Hochverräter, sondern um – Schuldner. Denen mag man vielleicht gewaltsam die Zunge gelockert haben, um an ihr Vermögen heranzukommen – wahrscheinlich ist das aber nicht. Denn es gab sehr strikte Regeln für die Anwendung der Folter, für die nur der Henker zuständig war. Bei Wasser und Brot angekettet unter dem Rathaus im Keller zu sitzen und um sein Vermögen zu zittern, war jedoch sicher Grund genug für Seufzer.

Rathausbeamte retten historische Bausubstanz

Der Wahrheit hingegen entsprechen Berichte über die Verwendung der Keller während des Zweiten Weltkriegs. So erzählt ein Artikel der *Welt am Montag* vom 26. Juli 1948 von den damals noch vorhandenen

Luftschutzkellern unter dem Alten Rathaus: Als ungeschulte Freiwillige im Jahr 1943 Stollen und Gänge für Luftschutzräume unter den Kellern und Straßen der Innenstadt anzulegen begannen, erfüllte dies die Rathausbeamten mit berechtigter Sorge: Diese galt weniger der möglichen Vernichtung des kunsthistorischen Erbes durch unsachgemäße Untertunnelung der uralten Gebäude, sondern deren Einsturzgefahr. Daher wurden Rathausbeamte bei der obersten Luftschutzbehörde vorstellig und erreichten, dass ihnen Leitung und Aufsicht über die nötigen Arbeiten in Wien übertragen wurden. Für die Luftschutzarbeiten unter dem Alten Rathaus waren die Angestellten der Zentralsparkasse der Gemeinde Wien zuständig, die dort ihren Sitz hatte. Gemeinsam mit freiwilligen Arbeitskräften der NSDAP begannen sie, die ersten Verbindungsstollen vom dritten Kellergeschoß des Rathauses unter der Wipplingerstraße zur „Böhmischen Hofkanzlei" (heute Verfassungs- und Verwaltungsgerichtshof) zu graben.

Freiwillige Arbeitskräfte gruben 1943 unter dem Alten Rathaus die ersten Stollen und Gänge für Luftschutzräume.

Unter dem alten Rathaus

Angeregt durch die beiden genannten Zeitungsberichte, machten wir uns in Begleitung des Amtshausportiers auf die Suche nach tatsächlichen Spuren und stiegen für mehr als zwei Stunden in den Rathauskeller hinab. Es sind noch Kellergeschoße von immenser Größe vorhanden, mit labyrinthartigen Gängen und mit riesigen Hallen, überspannt von gotischen Gewölben, gestützt von Pfeilern. In den Kellergängen lie-

Reste des Weinlagers vom „Alten Rathauskeller".

gen noch die mit Spinnennetzen und Staub überzogen Reste des Weinlagers des einstigen „Alten Rathauskellers", verrostete Ketten und Eisenspangen baumeln an den Wänden, Eisentüren mit uralten Schlössern hängen in verrosteten Angeln. Von den im Zeitungsartikel erwähnten Steinbänken und Folterkammern aber fand sich keine Spur. Sehr wohl aber existiert noch jener Durchgang zur „Böhmischen Hofkanzlei", der 1943 gegraben wurde: Die Pappe-Tafel mit der Aufschrift „Wipplingerstraße" hängt noch heute dort, nach über 66 Jahren.

Die Reste der Judenstadt

Ein Kellerraum, der sich entlang der Wipplingerstraße erstreckt, birgt jedoch eine echte bauhistorische Sensation: Dort sind noch die Mauern eines Bürgerhauses der einstigen Judenstadt, die 1421 zerstört wurde, zu sehen. Über gotische Konsolen spannt sich ein Kreuzgratgewölbe, gestützt von einer mächtigen Säule. Sie ist die älteste noch erhaltene Vierkantsäule eines Wiener Profanbaus, wie der Kunsthistoriker Günther Buchinger in der *Österreichischen Zeitschrift für Kunst und Denkmalpflege* beschreibt: *In einem ehemaligen Souterrain eines Hauses der Judenstadt aus dem 14. Jahrhundert steht der schlanke Vierkantpfeiler. Der Sockel ist zum Schaft abgefast* (abgeschrägt), *grobe Ausbesserungen deuten darauf hin, dass der Pfeiler eine Kämpferplatte aufwies, die wahrscheinlich ent-*

sprechend einer vorhandenen Wandkonsole ebenfalls zum Schaft abgefast war. Damit ergibt sich eine symmetrische Form mit einem Schaft, einem abgefasten Sockel und einer gegengleichen Kämpferplatte. Der Raum lag einst im Souterrain, die steinernen Fenster und Torbögen zeugen noch heute von seiner reichen Ausstattung. Bedauerlicherweise hatten bisher nur wenige Besucher Gelegenheit, ihn zu betreten. Dem „unerschrockenen“ Journalisten von 1943 ist es jedenfalls nicht gelungen, offenbar fehlte ihm die nötige Hartnäckigkeit.

VENUSTUNNEL UNTER DER AMERICAN BAR

1., Kärntner Durchgang 10

Die nur 27 Quadratmeter große Bar in der Wiener Fußgängerzone ist weit über die Grenzen hinaus wegen ihrer original erhaltenen Einrichtung bekannt. Diese wurde 1908 von Adolf Loos (1870–1933), einem der bekanntesten Jugendstilarchitekten, entworfen, weshalb das winzige Lokal auch Loos-Bar genannt wird. Um sie optisch zu vergrößern, verspiegelte er sämtliche Wände und dekorierte sie mit Glasmalerei. Durch die Verkleidung der Decke mit edlem Marmor erhielt der kleine Raum ein fast pompöses Aussehen. Schon viele illustre Persönlichkeiten, Filmstars, Politiker und Stadtoriginale, fühlten sich hier als Gäste wohl, der Regisseur Quentin Tarantino zeigte sie in einem seiner Filme. Der 2001 verstorbene „Designer“ Udo Proksch verewigte sich allerdings auf ganz spezielle Weise: Bei einer seiner legendären Selbstdarstellungen zückte er eine geladene Waffe und gab einen Schuss auf den Marmorplafond ab. Das Schussloch existiert bis heute.
Im Keller der Bar versammelte sich in der Nachkriegszeit die künstlerische Elite im bekannten „Art Club“. Zu seinen Mitgliedern zählten die Wiener Schriftsteller Friedrich Torberg und der Maler Friedensreich Hundertwasser. Hinter der Damentoilette aber verbarg sich ein unterirdischer Gang, der in das benachbarte Animierlokal führte. Etliche Lokalpolitiker, darunter ein Bürgermeister, sollen gerne von beidem Gebrauch gemacht haben, wie es heißt. Der Ruf des Lokals erlitt durch diese Nachbarschaft jedoch schweren Schaden, es verkam zum Treffpunkt der Halb- und Unterwelt. Erst die Neuübernahme und mustergültige Restaurierung unter Einbeziehung des Denkmalamtes im Jahr 1995 stellte seinen guten Ruf wieder her, denn der unterirdische Gang wurde damals zugemauert. Heute verkehrt die High Society in der „berühmtesten Bar Wiens“, wie sie sich selbst nennt, und schlürft den „Fein G'spritzten“, die Spezialität des Hauses, gemischt aus Champagner und Perrier.

GEHEIMGANG FÜR PRÖPSTE UND TEMPLER

1., Trattnerhof

Eines der größten Mietshäuser am Wiener Graben ist der Trattnerhof, benannt nach seinem Erbauer, dem Buchdrucker Johann Thomas Trattner (1717–1798). Zuvor war dort ein erstmals 1273 erwähnter Hof gestanden, errichtet vom Bistum Freising in Bayern. Dieses verfügte in und um Wien über Grundbesitz, zu dem auch zahlreiche Weingärten in Niederösterreich, vor allem in der Wachau, gehörten. In Weißenkirchen steht heute noch der Freisinger Lesehof, wo seit über tausend Jahren Wein produziert wird. Der Dompropsthof auf dem Graben, ab 1468 Freisinger Hof genannt, diente dem Bischof zur Verwaltung seiner Güter, ferner als gelegentlicher Aufenthaltsort, und seine Keller der Weinlagerung. Zum Besitz gehörten noch einige weitere Häuser in der Freisingergasse. Der Legende nach sollen sämtliche Gebäude unterirdisch miteinander durch Gänge bis hin zum Stephansdom verbunden gewesen sein. Möglicherweise gibt es hier sogar einen Zusammenhang mit dem Templerorden: Urkunden im Wiener Schottenstift bezeugen die Lage eines Templerhofes in der damaligen „Ratstraz", der heutigen Dorotheergasse, der dem Freisingerhof gegenüberlag. Die Wahrscheinlichkeit, dass die Tempelherren von ihrem Wirtschaftshof durch unter-

Noch immer unheimlich: die Abstiege des Trattnerhofes. Beginnt hier der Geheimgang der Templer?

irdische Gänge unter den Dompropsthof und weiter bis zur Virgilkapelle unter dem Stephansplatz gelangen konnten, ist groß, da sie überall in ihren Niederlassungen unterirdische Gänge anzulegen pflegten. Interessant ist in diesem Zusammenhang die Biografie des Arztes und Dichters Heinrich von Neustadt (geb. in Wiener Neustadt). Er und seine Frau Adelheid wurden am 28. Oktober 1312 vom Bischof von Freising auf Lebenszeit mit einem Haustrakt im Freisinger Hof belehnt. Am 22. März 1312, also nur wenige Monate vor dieser Schenkung, war der Templerorden vom Papst aufgelöst, sein Besitz konfisziert und neu verteilt worden – so könnte es sich bei der Schenkung recht gut um ehemaligen Templerbesitz handeln.

Im Jahr 1773 kaufte Trattner den Freisinger Hof, ließ ihn abreißen und ein riesiges und prächtiges Zinshaus errichten, in dem er auch seinen sehr erfolgreichen Buchverlag betrieb. Trattners Biografie liest sich wie ein Erfolgsroman: Er überzeugte den Jesuitenorden mittels Billigangeboten, sämtliche Bücher bei ihm drucken zu lassen, und stach damit seinen ehemaligen Lehrherrn Ghelen aus. Er druckte im Ausland erschienene Werke ohne Berücksichtigung der Autorenrechte nach und konnte dadurch deren Preise senken. Das war damals in Österreich noch nicht verboten und ganz im Sinn Maria Theresias, und so wurde Trattner auf Anraten ihres Leibarztes und Ratgebers Gerard van Swieten 1752 von ihr zum Hofbuchdrucker ernannt. Damit war das Recht verbunden, die im Zuge der theresianischen Bildungsreform benötigten Schulbücher zu erzeugen, auch lieferte er alle für die Verwaltung

Die endlosen Gänge unter dem Trattnerhof.

Die Schleusentüren zu den ehemaligen Luftschutzräumen unter dem Trattnerhof.

Gang unter dem Trattnerhof.

benötigten Drucksorten und publizierte die staatlichen Verordnungen. Seine Firma war bald in der ganzen Monarchie vertreten, und so wurde er schließlich 1764 in den Ritterstand erhoben. Als Freimaurer wie Van Swieten war er Mozart freundschaftlich verbunden und in zweiter Ehe mit dessen Schülerin Maria Theresia Nagel verheiratet. Vor dem Umzug des Ehepaares Mozart in die Domgasse wohnte dieses einige Zeit im Trattnerhof, wo der große Künstler auch häufig Konzerte gab.

Mozarts Sohn Carl Thomas kam 1784 hier zur Welt, Trattner war sein Taufpate. In den Kellern, die Trattner für seinen „Typographischen Palast“ benutzte, fanden möglicherweise Treffen der damals verbotenen Freimaurer statt.
Das Gebäude wurde zu Beginn des 19. Jahrhunderts von Trattners Nachkommen verkauft, 1911 entstand an seiner Stelle ein Doppelhaus mit großen Glasfenstern im Jugendstil. Seit damals ist der gewaltige Komplex durch eine schmale Gasse, die den Namen Trattnerhof trägt, in zwei Teile getrennt, die unterirdisch aber miteinander verbunden blieben, die enormen Keller liegen auf zwei Etagen. Ein Labyrinth an Gängen zieht sich durch den Untergrund und führt in allen Richtungen zu den Nebenhäusern, eine ehemalige Verbindung zum Dom ist daher gut vorstellbar. Aus welcher Zeit die Gewölbe unter dem Trattnerhof aber tatsächlich stammen und von wem sie erbaut wurden, bleibt Vermutungen überlassen, denn der Trattnerhof ist ein privates Mietshaus. Seine Keller wurden offenbar nie untersucht und können leider nicht besichtigt werden, da sie von gewerblichen und privaten Mietern verwendet werden. Tatsache ist jedenfalls, dass auch hier das zweite Untergeschoß im Zweiten Weltkrieg als Luftschutzkeller ausgebaut wurde. Gasschleusentüren mit doppelter Verriegelung, Reste eines Leuchtstreifens und Beschriftungen haben sich bis heute erhalten.

WEINAUSSCHANK IN ALTEN KELLERN

Die tiefsten Weinkeller der Innenstadt

Das Netz der unterirdischen Keller, Gewölbe und Gänge reicht zum Teil bereits in die Römerzeit zurück, denn schon die Legionäre hatten Vorratslager benötigt. Im Mittelalter muss es bereits Fluchtgänge gegeben haben, und damals entstanden auch die ersten Weinkeller. Sie waren sehr wichtig, denn der wirtschaftliche Wohlstand der Stadt beruhte bis ins 16. Jahrhundert neben dem Transithandel nur auf seinem Weinbau. Fast jeder Bürger besaß Weingärten, doch nur jene Weingartenbesitzer mit Bürgerrecht durften ihren Wein ohne Einschränkungen ausschenken. Zugunsten der Hauer bestanden etliche Vorschriften, so durfte Importwein nur in der städtischen Taverne ausgeschenkt werden, zu seiner Einfuhr waren teure Lizenzen nötig und der Ausschank des damals nur schlecht haltbaren Biers wurde möglichst unterbunden. Größere unterirdische Anlagen stammen aber erst aus der Zeit der Türkenbelagerungen: Im 16. und 17. Jahrhundert legte man große Munitionsdepots und Lagerhallen unter der Erde an, die in Notzeiten auch Schutz boten.

Einer der tiefsten Weinkeller Wiens: der Villonkeller.

Romantische Unterwelt: das Ambiente des Villonkellers.

Der Villonkeller

1., Habsburgergasse 4 · Das Haus Nummer 4 in der Habsburgergasse gehört zu den ältesten Barockhäusern der Innenstadt, es wurde 1735 als Herberge für die Bierbrauer errichtet. Kunstvolle Skulpturen an der Fassade und im Treppenhaus erzählen von deren Reichtum. Eine uralte, steinerne Wendeltreppe erschließt das Haus vom vier Etagen tiefen Keller bis hinauf zum Dachboden. Sie dürfte aus der Zeit der Anlage des ältesten Kellergeschosses stammen und ist somit älter als das barocke Gebäude. Sie führte uns erstaunliche 16 Meter tief hinunter in eines der ältesten Kellergewölbe Wiens, dessen Alter auf mindestens fünfhundert Jahre geschätzt wird. Der geschlagene Brunnen und die

Bruchsteinmauer dürften sogar auf die Römer zurückgehen: Hier standen einst die Kasernen von Vindobona. Zur Zeit der Habsburger Monarchie beherbergten die Keller den kaiserlichen Wild- und Geflügelhandel, und selbstverständlich dienten auch sie im Zweiten Weltkrieg als Schutzräume.

Das Brezlgwölb

1., Ledererhof 9 · Hier wurden in einer der ersten Backstuben einst die beliebten „Laugenbrezen" hergestellt. Das Gebäude, mehr tief als hoch, ist ein Rest des „Ledererhofes", nach dem die Gasse benannt ist. In ihm hatten Innung und Herberge der Lederer und Färber ihren Sitz, unweit des vormaligen Ottakringer- später Alserbaches (heute Tiefer Graben), denn das Gewerbe war wassergebunden. Das erste Kellergeschoß des Lokals lag zur Römerzeit noch ebenerdig, wie die römische Mauer mit einer Fensteröffnung links vom Treppenaufgang zeigt. Die insgesamt drei Kellergeschoße waren früher mit den Nachbarhäusern verbunden, sodass man unterirdisch bis zur Hofburg und bis zum Alten Rathaus in der Wipplingerstraße gehen konnte. Im Ledererhof soll übrigens kurz die Plainacherin gewohnt haben, die einzige in Wien verbrannte Hexe der frühen Neuzeit.

Das Brezlgwölb: Der größte Teil des Gebäudes liegt unter der Erde.

27 Stufen führen hinunter zum Weinkeller des Fürsten Esterházy.

Der Esterházykeller

1., Haarhof · „Haar“ bedeutet Flachs, der einst hier verkauft wurde. Der Weinausschank im beliebten Esterházykeller geht auf das Jahr 1683 zurück. Fürst Esterházy, der Eigentümer des gleichnamigen Palais in der Wallnerstraße, hatte damals auf eigene Kosten ein Regiment zur Verteidigung der Stadt ausgerüstet, und um ihren Mut zu stärken, ließ er seinen Soldaten vor jedem Kampf Freiwein in seinem privaten Weinkeller ausschenken. Zum Dank für seinen Patriotismus verlieh ihm Kaiser Leopold I. das Privileg des Weinausschanks im eigenen Keller.

27 steile Stufen führen in die erste Kelleretage, die als öffentlicher Schankraum dient. Hier gibt es die letzte wassergekühlte Schank von Wien: Die Weinflaschen stehen noch wie vor der Erfindung der modernen Kühlanlagen in Kaltwasserbehältern. Hinter der Schank führt eine Türe in den zweiten Keller, der als Lager in Verwendung steht. Jede Kelleretage ist 700 Quadratmeter groß. Der dritte Keller wurde leider im Zuge des U-Bahnbaues zerstört. Vom Palais Esterházy aus gibt es einen Tunnel zur Hofburg, und ein weiterer Tunnel soll bis zum Donaukanal führen, wie auf der Internetseite der Familie Esterházy angegeben ist. Der Mann, der Genaueres darüber hätte sagen können, das allseits beliebte Faktotum des Kellerlokals, ist aber leider 2010 verstorben.

Die letzte noch erhaltene Wasserkühlung in einem unterirdischen Schankbetrieb.

Abgang zur gotischen Brunnenstube im Zwölf-Apostelkeller.

Der heute nicht mehr benutzte Brunnen.

Der Zwölf-Apostelkeller

1., Sonnenfelsgasse 3 · Der 1339 urkundlich erwähnte Weinkeller mitten im Stadtzentrum dürfte noch älteren Datums sein: Das Mauerwerk des Brunnenkellers stammt mit seinen für die Romanik charakteristischen Steinquadern sicherlich aus der Zeit um 1100. Die drei Kellergeschoße führen bis zu 18 Meter in die Tiefe und in die Geschichte der Stadt. Über eine Wendeltreppe gelangt man in den ersten Keller, dessen gotische Steingewölbe ihm sein ungewöhnliches und unvergleichliches Flair verleihen. Im zweiten Keller trifft man auf verwinkelte Gänge und Sitznischen. Einen der Räume ziert ein Fresko, auf dem die zwölf Apos-

Rechte Seite: Die weitläufigen Keller der Weinkellerei Grams, Singerstraße 26.

tel dargestellt sind. Im dritten Keller aber sieht man die einzige, noch komplett erhaltene gotische Brunnenstube Wiens – eine Rarität, die dem Gast gern gezeigt wird.

UNTER FRANZISKANERN UND PESTLEICHEN

1., FRANZISKANERPLATZ

Nachdem das Büßerinnenkloster am Franziskanerplatz, wo einst bußwillige Dirnen zu ehrbaren Frauen erzogen worden waren, der Reformation zum Opfer gefallen war, erhielten die Franziskaner 1589 die verlassenen Gebäude als Ersatz für ihr während der Ersten Türkenbelagerung zerstörtes Kloster in der Theobaldgasse. Die Mönche erbauten eine neue Kirche auf den gotischen Grundmauern und integrierten das alte Kloster in ein neues, größeres Gebäude. Der Klostergarten im Bereich der noch bestehenden Coburgbastei reichte einst bis zur Stadtmauer. Der im gesamten Bereich mehrstöckig unterkellerte Komplex erstreckt sich heute vom Franziskanerplatz bis zur Seilerstätte, an einer Seite entlang der Singerstraße und auf der anderen entlang der Weihburggasse. Die Erdgeschoßräume des Klosters sind an Geschäfte und Restaurants vermietet, die ihre Warenlager in den endlos tiefen Kellergewölben eingerichtet haben.

Die Weinkellerei Grams

Eines der gewaltigsten Lager besitzt die Weinkellerei Grams in der Singerstraße 26. Die Familie Grams betreibt seit 45 Jahren hier ihren Weinhandel und bietet mehr als 900 Sorten Wein, Sekt und Spirituosen aus fast allen Weinbau treibenden Ländern der Welt an. Auf Einladung des Juniorchefs konnten wir diese Schätze unter der Erde besichtigen: Eine überwältigende Menge von Wein und Spirituosen lagert in den schier unglaublichen und 700 Jahre alten Kellergewölben, zusammengetragen von Generationen. Durch ein kleines Geschäftslokal geht es über eine Wendeltreppe hinunter. Eine breite Rampe, über die man früher von der Straße aus die Fässer rollen ließ, windet sich wie eine schier endlose Serpentinenstraße hinunter bis in das dritte Kellergeschoß.
Jede Etage besteht aus riesigen Hallen mit Ziegelgewölben und steinernen Türbögen. Überall stehen Regale voller Weinflaschen jedweder Herkunft. Sogar eine über zehn Meter hohe Weinzisterne wurde vor vielen Jahren eingebaut. In einem abgetrennten Teil des Kellers befindet

V
Grams & Co
Grams & Co
Grams & Co

Die tiefsten Räumlichkeiten in der Blumenhandlung Prassl: ein Teil des Franziskanerklosters.

sich die Raritätensammlung: Jahrgänge zurück bis 1900 und vereinzelt sogar bis zum Jahre 1795! Eine kleine Schau antiker Weinbaugeräte komplettiert die Sammlung. Im untersten Keller versammeln sich zu besonderen Anlässen Weinliebhaber um eine lange Tafel und genießen in stimmungsvollem Ambiente die edlen Tropfen. Was kann es Schöneres geben für Kenner, als solch erlesene Weine in einem der tiefsten und ältesten Keller Wiens zu verkosten!

Blumen und „mehr"

Neben der Weinhandlung Grams mietete sich jüngst eine exklusive Blumenboutique in einigen Erdgeschoß- und Kellerräumlichkeiten ein. Auch hier überraschen die tiefen Keller und hohen Gewölbedecken den Besucher. Anlässlich der Renovierung waren die Floristen auf Grundwasser gestoßen und hatten damals vom Gebäudeverwalter erfahren, dass unter dem letzten Kellergeschoß noch Pestopfer in der Erde bzw. jetzt im Wasser lägen, das sie möglicherweise konserviert habe. Da die Geschäftseigner zwar „Blumen und mehr" anbieten, sich das Mehr aber nur auf Schmuck und Dekoration bezieht, ließen sie die Baugrube schließen und die Toten ruhen, wie sie es seit Jahrhunderten an diesem verborgenen Ort getan hatten. Unter den Häusern schlummern auch Geheimnisse, über die man gar nicht so genau Bescheid wissen möchte.

Blumenbinderei Prassl mit geheimnisvollem Untergrund.

Das mehrstöckige Totenreich des Franziskanerklosters.

Die Franziskanergruft

Unter dem Kloster liegen sogar noch mehr Leichen begraben, in einem mehrstöckigen Totenreich, einer aus einem Labyrinth von Hallen und Gängen bestehenden Franziskanergruft. Die Gruft besteht zumindest seit der Errichtung des Klosters, wenn nicht noch länger: Ein Bischof aus dem 13. Jahrhundert befindet sich unter den etwa tausend Toten, auch Adelige und Bürger wurden hier bestattet, genau wie unter allen Kirchen der Altstadt. Die noch existierenden Särge sind über zwei Stockwerke verteilt. Die seit kurzem frisch renovierte Begräbnisstätte wird nur in der „Langen Nacht der Kirchen" geöffnet.

UNTERIRDISCHE LAGERHALLEN DER JUDENSTADT

Auch die Häuser rund um den Judenplatz verfügen durchwegs über drei bis vier Stockwerke tiefe Keller. Dort befanden sich einst die Warenlager der jüdischen Händler, dort unten waren ihre Güter vor Feuer und Plünderern geschützt. In der alten Wildwerkerstraße, der heutigen Wipplingerstraße, stand damals das Haus des jüdischen Händlers Morchel, dessen Lagerraum im Keller bis zum heutigen Tag unversehrt erhalten blieb. Der Befund des Denkmalamts lautet: *Im östlichen Teil des Grundstücks blieb bis heute ein mittelalterlicher Souterrainraum fast vollständig erhalten. Der Raum hat die lichten Maße von 7 x 7,5 m. Ein quadratischer Pfeiler mit 75 cm Seitenlänge und abgefaster Basis stützt ein Kreuzgratgewölbe mit spitzbogigem Querschnitt. In der Mitte jeder Wand und*

Schulhof 6: Heute werden hier in den Kellergewölben exklusive Gartenmöbel präsentiert.

am Pfeiler ruhte das Gewölbe ursprünglich auf Kämpfern. In zwei der vier Raumecken blieben Kelchkonsolen erhalten. Das originale Portal des Raums fand sich in der Nordwand. Während Mauern und Pfeiler aus Stein sind, ist das Gewölbe aus Ziegel. Mauerwerk und kunsthistorische Kriterien erlauben eine Datierung dieses Raums in das 14. Jahrhundert.

Ein weiteres Warenlager befand sich in den Räumlichkeiten des heutigen Restaurants „Bodega Marqués“ in der Parisergasse 1, wo man übrigens noch frühgotische Sitznischen sehen kann. Die tiefsten Keller befinden sich jedoch auf dem Schulhof, der seinen Namen nach der ehemaligen Jesuitenschule auf der Rückseite des früheren Karmeliterklosters Am Hof führt. Im Keller des denkmalgeschützten „Madonnenhauses“ Schulhof 6 wurde anlässlich der letzten Renovierung die mittelalterliche Bausubstanz vollständig freigelegt, die Ziegelgewölbe wurden gereinigt, gotische Fenster- und Türlaibungen von Übermalungen befreit. Dann wurden die uralten Kellerhallen vorbildlich mit modernem Design verbunden. Heute werden dort exklusive Gartenmöbel präsentiert.

Die vergebliche Suche nach den Mikwen

Ein unterirdischer Gang führt unter dem Judenplatz von der ehemaligen Thoraschule zu den Überresten einer um 1420 zerstörten Synagoge, deren Grundmauern im Jüdischen Museum, Judenplatz 8, besichtigt werden können. In Wien gab es bis zu ihrem gewaltsamen Ende im Jahre 1421 eine sehr große jüdische Gemeinde, es gab daher auch jüdische Bäder. Deren Bau erfolgte in Wien nach 1256, seitdem das gemeinsame Bad für Christen und Juden verboten war. Größere jüdische Gemeinden verfügten über mehrere Bäder, getrennt in „Mikwen“, also rituelle Tauchbäder, und allgemeine Bäder, die den christlichen

Wipplingerstraße 11: Archäologen suchen nach dem jüdischen Ritualbad.

ähnlich waren. Die Mikwen mussten durch fließendes Gewässer, eine Quelle oder einen Fluss, gespeist werden und wurden daher unterirdisch, im Keller eines Hauses, angelegt. Sie befanden sich meistens in der Nähe einer Synagoge.

Man vermutet, dass es im Haus Tiefer Graben 19 eine Mikwe gegeben hat, einerseits wegen dessen Lage am Ottakringer- bzw. Alserbach, der heute noch unter dem Tiefen Graben fließt, und andererseits wegen der Nähe zur Synagoge. An der „Hohen Brücke" stand ein Haus, das 1314 im Besitz des Juden Lemann war, des Vorstehers der jüdischen Gemeinde: *Dieses Gebäude, das zur Grundherrschaft des Wiener Schottenklosters gehörte, wurde in der Grundbuchseintragung als „Wunderburg" bezeichnet. Diese Benennung spricht dafür, dass den Christen nicht recht verständlich war, was in dem Haus vor sich ging,* erfährt man dazu in der Ausstellung im Jüdischen Museum, die sich unter anderem mit den jüdischen Ritualbädern beschäftigt. Die Mikwe am Ottakringerbach wäre demnach eine „Kellermikwe" gewesen, ein im Keller eingerichtetes Bad. In der Wipplingerstraße 11 habe es hingegen eine „Schachtmikwe" gegeben, wo die Badenden in einen vom Straßenniveau nach unten führenden Schacht steigen mussten, und zwar ziemlich tief. Trotz der guten Quellenlage sind aber noch keine Reste dieser Mikwen gefunden worden, denn im Bereich um den Judenplatz ist noch lange nicht alles archäologisch aufgearbeitet. Man darf auf einige Überraschungen in den kommenden Jahren gespannt sein.

WELLNESS IM SOUTERRAIN

Bäder im Untergeschoss von Mietshäusern

Nicht nur die Juden waren über die unterirdischen Quellen erfreut, sondern auch die Christen: Wien war und ist eine wasserreiche Stadt, aus deren Untergrund viele Quellen sprudeln. Die meisten sind Kaltwasserquellen, doch gibt und gab es auch einige heiße Quellen, die schon die Römer zu Heilzwecken schätzten, wie beispielsweise früher in Heiligenstadt, denn Wien liegt auf der „Thermenlinie". Die Kaltwasserquellen wurden im Mittelalter gefasst und dienten neben den Brunnen zur Trinkwasserversorgung. Außerdem entstanden öffentliche Badeanstalten, besonders im Stubenviertel, das nach den Badstuben benannt ist.

Gelegentlich erweisen sich die Quellen allerdings als Bauhindernis, wie beispielsweise unter dem Kaufhaus Stafa an der Ecke Mariahilfer Straße/Kaiserstraße, das anlässlich von Kaisers Geburtstag im Jahre 1911 als „Zentralpalast" eröffnet wurde. Für den achtgeschossigen Rundbau mussten vor seiner Errichtung eigens zwei Schachtbrunnen gebaut werden, um das Wasser abzuleiten, noch heute werden dort 970 Liter Wasser pro Minute abgepumpt.

Noch bis zum Zweiten Weltkrieg gab es eine Vielzahl von Schwimm-, Dampf-, Wannen- und Kurbädern, die hauptsächlich um 1900 gebaut worden waren. Sie wurden häufig von unterirdischen Quellen gespeist und befanden sich meist in bürgerlichen Mietshäusern, und zwar im Souterrain, also halb unter- und halb oberirdisch, und sie verfügten über hohe Fenster, welche das Tageslicht eintreten ließen. Nur wenige dieser Bäder bestehen noch heute, darunter eines der ältesten mitten in der Altstadt: das „Kaiserbründl" in der Weihburggasse 18. Sein ergiebiger Hausbrunnen erfreute schon die Römer und speist bis heute das Etablissement (Zutritt nur für Herren). Eine der mondänsten Badeanstalten war das „Sofienbad", das nach Auflassung des Badebetriebs zum Tanzsaal umgebaut und nach Brandlegung völlig zerstört wurde. Der spärliche Rest der alten Fassade wird nun in einen Hotelneubau integriert. Auch in einem Mietshaus in der Boerhavegasse im dritten Bezirk gab es ein bekanntes Bad, wo unter anderen der bekannte Schauspieler, Arzt und österreichische Meisterschwimmer Gunther Philipp (1918–2003) trainierte. Die meisten dieser Souterrainbäder wurden jedoch während des Zweiten Weltkriegs zerstört und danach nicht wieder in Betrieb genommen. So erging es auch einem der schönsten und bekanntesten Bäder, dem Beatrixbad in Wien-Landstraße, über welches noch ausführlich berichtet wird.

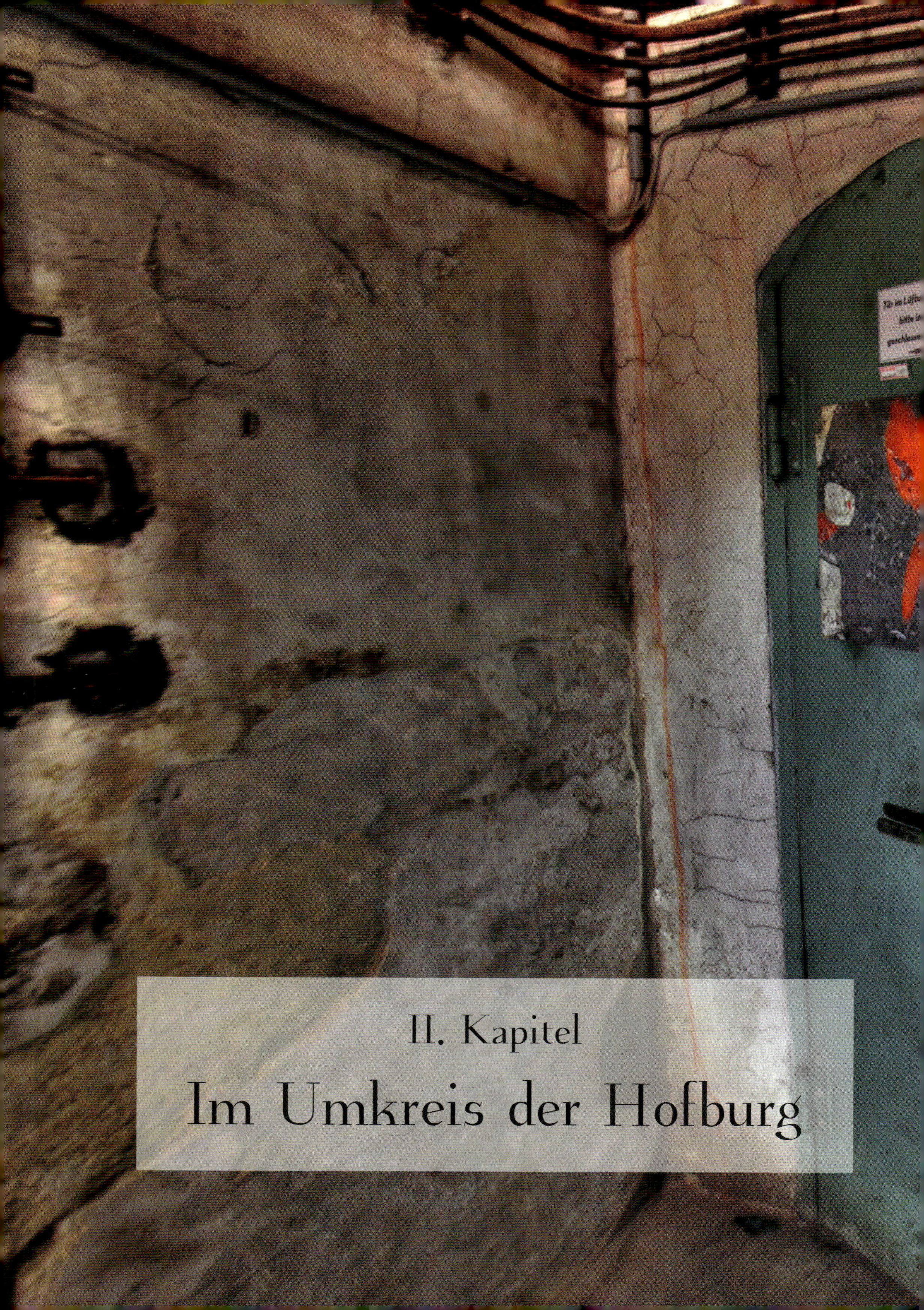

II. Kapitel
Im Umkreis der Hofburg

Seite 58/59: Der Zugang zum Lufttunnel im Burgtheater.

Rechte Seite: Gewaltige Tore erfüllen die Funktion eines Ventils.

Der 350.000 Quadratmeter große Komplex der Hofburg umfasst 18 Trakte, 54 Stiegen, 19 Höfe und verfügt über rund 2600 Räume. Sie ist mit ihren drei oberirdischen Stockwerken und drei unterirdischen Kellern ebenso hoch wie tief, wobei nicht nur ihre Gebäudeteile dreistöckig unterkellert sind, sondern auch die Freiflächen dazwischen: die Höfe und Plätze, die Parkanlagen und sogar die Verbindungswege zu Oper und Burgtheater, zu den beiden großen Museen und den ehemaligen Hofstallungen. Die unterirdischen Anlagen sind zum Teil noch begehbar und teilweise auch zu besichtigen, wie der „Alte Hofkeller", das Gipsdepot, die Lüftungstunnel der Oper und des Burgtheaters, die Verbindungsgänge der Trakte untereinander und die Tiefspeicher der Nationalbibliothek. Einer dieser Speicher reicht 14 Meter tief unter den Josefsplatz, der neue Tiefspeicher unter dem Heldenplatz erstreckt sich über vier unterirdische Stockwerke. Dort sind vier Millionen Bände gelagert, sie werden von der Buchförderanlage wie von Geisterhand vollautomatisch zur Buchausgabe der Bibliothek befördert.

Die kürzlich entdeckten Buckelquadermauern am Schweizer Trakt belegen die Gründung der Burg in der Zeit vor dem Jahre 1235, also noch unter den letzten Babenbergern. Zweifelsohne verfügte die Burg – wie alle Festungen – schon damals über Keller. Sie dienten der Vorratshaltung und anderen wirtschaftlichen Zwecken, wie Küchen und Wäschekammern, ebenso wie militärischen Zwecken, wozu auch Zisternen gehörten, um einer Belagerung standhalten zu können. Fluchttunnel in und von der – damals von der Burg noch getrennten – Stadt beziehungsweise ins Umland, zumindest in die Wiedner Lucken, wo die Hofbediensteten wohnten, wird es wohl auch schon gegeben haben. Der zweitälteste Teil, die Cilli-Burg (später Rudolfsburg, heute Amalienburg) verfügte ebenfalls über tiefe Keller. Es lag nahe, die Keller beider Burgen miteinander zu verbinden, da dies wirtschaftlich und strategisch günstig war. So konnte man natürlich auch ungesehen durch unterirdische Gänge von einem Teil zum anderen gelangen. Im Verlauf der weiteren Jahrhunderte wurde die Burg etappenweise ausgebaut, mit ihr wuchsen auch die Keller und die Gänge.

So schreibt der österreichische Historiker Georg Karajan 1863 in *Die alte Kaiserburg zu Wien vor dem Jahre MD (1500). Nach den Aufnahmen des k.k. Burghauptmannes Ludwig Montoyer* über geheime unterirdische Fluchtgänge aus der Hofburg. Es soll eine Geheimtüre unter dem Rudolfsturm in der südwestlichen, der Vorstadt zugekehrten Festungsmauer gegeben haben. Dem 1462 in der Burg von den Wienern belagerten Kaiser Friedrich III. (1415–1493) sollen unterirdische Geheimgänge die Flucht ermöglicht haben. Bei seiner Verhaftung soll auch Kardinal Mathias Khlesl (1552–1630) *mit den dazu bestellten Commissarien über den verborgenen Gang zur Burg hinaus auf die Pastey fortgegangen, allda sie sich zusammen in verdeckten Gutschen-Wagen gesetztet …* haben. Karajan selbst will auf zwei solche verborgene unterirdische Gänge

Eine Welt für sich: die Keller unter der Hofburg.

Die Hofburg beherbergt in ihren Kellern gewaltige unterirdische Archive.

gestoßen sein. Einer führte beim Rudolfsturm ins Freie, der andere unter dem Josefsplatz bis zum Augustinerkloster. Tatsächlich wurde beim Bau des Tiefspeichers der Nationalbibliothek ein Gang unter dem Josefsplatz entdeckt.

Die heute noch existierenden riesigen Kellerhallen wurden jedoch zur Zeit der beiden Türkenbelagerungen geschaffen. Damals entstanden Säle, deren Ausmaße mittleren Bahnhofshallen gleichen. Sie sind bis zu fünfhundert Quadratmeter groß, zehn Meter hoch und zwei oder drei Geschosse tief. Die Räume in der obersten Etage dienten in der späteren Kaiserzeit als Wirtschaftsräume, dort wurde gearbeitet. Ganze Handwerksbetriebe zur Instandhaltung der Burg waren nötig, in zahlreichen Küchen wurden an die 2.000 Bedienstete und eine unter-

schiedliche Zahl von Soldaten verpflegt, für die Beheizung musste gesorgt werden. Die Wäsche gab man zum Waschen aber bereits außer Haus, unten wurde nur mehr gebügelt, die Wäschekammern selbst verlegte man ins trockene Parterre. Die für alle diese Betriebe und Menschen nötigen Materialien und Vorräte befanden sich im zweiten Kellergeschoß, in den Wein-, Eis-, Holz- und Kohlenkellern.
Im dritten Geschoß gab es die Fluchttunnel, die von jeher große Neugier erweckten und von denen man gelegentlich hört. So berichtet die *Welt am Montag* 1948 über die damals noch bestehenden Luftschutzstollen, es gebe unterirdische Gänge unter dem Heldenplatz. Eine Abzweigung führe zum Volksgarten, eine andere zum Naturhistorischen Museum, ja sogar bis zum (nicht mehr bestehenden) Polizeigefangenenhaus in der Theobaldgasse und in die Stiftskaserne. Heute sind diese Gänge verschlossen, doch geben manche Pläne aus den Kriegsjahren noch darüber Auskunft.

DIE „ALTE HOFKELLEREY“

1., Schauflergasse 1

Herzog Rudolph IV., der Stifter (1339–1365), ließ einen Weinkeller in der Hofburg anlegen, es wird aber wohl schon zur Babenbergerzeit einen solchen gegeben haben. Die riesigen Gewölbekeller wurden aber erst zur Zeit der Türkenkriege unter Kaiser Leopold I. (1640–1705) gebaut und dienten zunächst als Munitionsmagazine und Waffendepots, bevor man sie als Weinkeller umwidmete und ein Tausendeimerfass, das 56.000 Liter fasste, darin aufstellte. Es wurde von Löwenfiguren gestützt, und dreißig lebensgroße Adler waren als Zierde in sein Holz geschnitzt. Früher besorgte die Fassziehergilde das gefährliche Einlagern bzw. Hinaufziehen der Fässer über die steile Kellertreppe, wobei es oft zu Unfällen kam, bis ein hydraulischer Aufzug eingebaut wurde. Kaiser Franz Joseph (1830–1916) ließ im ersten Keller eine Weinzisterne aus Beton errichten, die mit der Kaiserkrone geschmückt und mit Glasfliesen verziert ist und die man noch heute sehen kann. Der mit Glasfliesen ausgekleidete Behälter fasste 67.300 Liter. Darin wurde der „Mischwein“ für die Bedienten, der aus verschiedenen Weinsorten (zum Teil aus Billigweinen, zum Teil aus Resten von Banketten und der Hof- bzw. Offizierstafel) bestand, aufbewahrt. Dieser Mischwein hatte schon immer eine wichtige Funktion gehabt: In früheren Zeiten standen den Hofbedienten bis zu vier Liter pro Tag und Kopf zu, denn das Wasser war hygienisch noch lange nicht einwandfrei. Etliche noch vorhandene Fässer sind mit der Kaiserkrone, dem Doppeladler oder gar mit Porträts von Mitgliedern des Kaiserhauses versehen. Tausende Flaschen Wein für die kaiserliche Tafel waren ebenfalls eingelagert, für

Der ehemalige kaiserliche Weinkeller, heute ein Gastronomiebetrieb.

welche der Kellermeister höchst persönlich verantwortlich war. Nur er besaß den Schlüssel zu diesen Kellern, darunter dem „Ausländerkeller", wo Weine aus Burgund, Bordeaux und edle Rhein- und Moselweine lagerten. Es gab natürlich auch Weine aus allen Ländern der Habsburgermonarchie, als der edelste aller Tropfen aber galt der Tokayer. Er wurde nur glasweise kredenzt und schluckweise genossen, ja sogar als Heilmittel in Apotheken geführt. Auch der Papagei Maria Theresias soll mit seiner Hilfe von einem Leiden kuriert worden sein ...

In seinen besten Zeiten war der Weinkeller mit zwei Millionen Litern Wein bestückt. Der Erste Weltkrieg bescherte diesen Beständen ein Ende. Um die kaiserliche Geldschatulle zu füllen, wurden 6.000 Hektoliter Tokayer an einen Berliner Weinhändler verkauft und der restliche Wein zu Gunsten des Kriegsinvalidenfonds versteigert. Während des Zweiten Weltkriegs verwendete man natürlich auch diese Keller als Luftschutzräume.

Dort, wo sich einst der kaiserliche Weinkeller befand, ist heute die Kantine des Kanzleramts untergebracht. Das Selbstbedienungsrestaurant ist seit einigen Jahren auch öffentlich zugänglich, es blieb aber ein gut gehüteter Geheimtipp unter Kennern. Der Eingang am Seitentrakt der Hofburg in der Schauflergasse fällt kaum auf, denn das Tor trägt keine Aufschrift. Man erkennt das Lokal nur an der am Tor angebrachten Wochenspeisekarte. Vorbei an einem zwei Meter großen Weinfass mit dem kunstvollen Abbild des jugendlichen Kaisers Franz Joseph steigt man hinunter in den ehemaligen Weinkeller, der sich unter dem inneren Burghof bis zum Leopoldinischen Trakt erstreckt. Dort befindet sich zwischen den Räumen der Burgwache und den heutigen Garagen ein weiterer Kellereingang, wo früher die Weinfässer über eine Rampe bis zu 16 Meter tief hinunter in die riesigen Hallen gerollt wurden. Nur

Weinfässer der „Alten Hofkellerey“.

einmal jährlich, am „Tag des Denkmals", wird der ehemalige Hofkeller der Öffentlichkeit zugänglich gemacht, nur dann können Neugierige einen Blick in die sonst verschlossenen Kellerhallen werfen. Die beiden unteren Etagen sind allerdings vermauert, nur mehr ein Stockwerk ist begehbar.

Die Gipsfiguren im Weinkeller

Außer den erwähnten Weinfässern lagert dort seit den 1940er-Jahren eine bemerkenswerte Gipsfigurensammlung. Es handelt sich dabei um die Originalmodelle von Statuen und Denkmälern, die auf Wiens Plätzen und entlang der Ringstraße errichtet wurden oder deren Errichtung zumindest geplant war. Die Glyptothek ist – außer in der „Langen Nacht der Museen" – nicht öffentlich zugänglich, sie wird aber gelegentlich auf Anfrage für Gruppen geöffnet.

DER SUBTERRANE THESEUSTEMPEL

Wesentlich jüngeren Datums ist die Halle unter dem Theseustempel, der zu den beliebtesten Treffpunkten der Wiener zählt. Sie sitzen gern auf seinen Treppen und genießen die wärmenden Sonnenstrahlen und den Duft von tausend Rosen. Der spätklassizistische, von Peter Nobile (1774–1854) in den Jahren 1819 bis 1823 errichtete Bau, eine Nachbildung des Athener Theseums, war zur Unterbringung der weißen Marmorskulptur des italienischen Bildhauers Antonio Canova (1757–1822) bestimmt. Das Kunstwerk befindet sich jedoch bereits seit 1890 im Treppenhaus des Kunsthistorischen Museums. Canova und Nobile hatten seinerzeit freie Wahl für den Standort des Tempels, sie wählten den Volksgarten, der kurz zuvor an Stelle der von Napoleon zerstörten Burgbastei angelegt worden war. Der Bauplatz selbst lag im Bereich des vormaligen Burggrabens, daher mussten die Fundamente tief in den Boden gegraben werden. Der dadurch unter dem Tempel entstandene Hohlraum wurde nicht verfüllt, sondern zu einer riesigen unterirdischen Halle gestaltet.

Die unterirdische Halle

Die dreischiffige Halle verfügt über dieselben Maße wie das oberirdische Bauwerk und war der Sammlung und Zurschaustellung antiker Plastiken gewidmet, darunter römische Büsten, Statuen und Grabstelen. Der Zugang erfolgte über eine Außentreppe. Mit den Jahren verfiel jedoch das Kellergewölbe, die antiken Steine deponierte man im

Kunsthistorischen Museum. Zuletzt diente der riesige Raum nur mehr als Möbeldepot eines Gastronomiebetriebes.
Vor kurzem wurde der Theseustempel aber renoviert. Die unterirdische Halle wurde trocken gelegt und mit Strom versorgt, die Treppe saniert, der Abgang jedoch mit einem Gitter verschlossen. Das Gebäude wurde 2011 wieder eröffnet, es ist wieder mit leuchtend weißer Farbe versehen, wobei die ursprüngliche Bleifarbe aber durch ungiftiges Material ersetzt wurde. Damit erhielt er seine Attraktivität als Kunstwerk und Ausstellungshalle wieder zurück. Es bleibt zu hoffen, dass auch der unterirdische Bereich – seiner ursprünglichen Bestimmung gemäß – wieder als Ausstellungsfläche genutzt und besucht werden kann.

Der Theseustempel – unter ihm befindet sich eine große Ausstellungshalle.

DIE FRISCHLUFT- UND FLUCHTTUNNEL

Unter den Parkanlagen der Hofburg finden sich noch mehr Hohlräume, die im Zuge der Errichtung der großen Prunkbauten der Ringstraßenzeit entstanden sind. Die neuen Hoftheater, heute Staatsoper und Burgtheater, setzten die alte Tradition des Kärntnertortheaters einerseits und des alten Hofburgtheaters andererseits, das einst am Michaelerplatz an die Burg angrenzte, fort. Die alten Häuser hatten technisch nicht mehr entsprochen, daher waren die Architekten August von Sicardsburg (1813–1868) und Eduard van der Nüll (1812–1868) mit

Rechte Seite: Muten fast utopisch an: die Versorgungsrohre im Frischlufttunnel der Staatsoper.

dem Bau eines neuen Opernhauses und Gottfried Semper (1803–1879) und Carl Hasenauer (1833–1894) mit dem Bau eines neuen Burgtheaters betraut worden. Die beiden Häuser unterstanden direkt dem Hof. Sie wurden beide mit technisch ausgereiften Lüftungssystemen ausgestattet, die uns heute noch Bewunderung abringen. Die unterirdischen Frischlufttunnel, die aus dem Burggarten einerseits und dem Volksgarten andererseits die Frischluft ansaugen, funktionieren mit ihrer mechanischen Apparatur bis zum heutigen Tag. Die Erkundung dieser Lufttunnel faszinierte uns und führte uns tiefer in den Untergrund, als zunächst geplant war. Dies lieferte auch Beweise für die Wahrheit eines alten Gerüchts: Es habe von beiden Theatern aus Geheimgänge gegeben, die nur für Mitglieder der kaiserlichen Familie bestimmt waren. Bei Katastrophen oder bei Anschlägen hätten diese jederzeit aus jedem der beiden Theater in die sichere Hofburg flüchten können. Umgekehrt sollen auch Kaiser Franz Joseph und so mancher Erzherzog unterirdisch und ungesehen aus der Hofburg in die Theater gelangt sein. Und wie so oft heißt es, der geheime Tunnel sei so hoch und breit gewesen, dass der Kaiser, der an sich ja recht gut zu Fuß war, die ein- bis zweihundert Meter zur Oper mit der Kutsche hätte fahren können. Auch sollen die Verbindungstunnel für heimliche Treffen der hohen Herren mit den „Ballettratten“ und Darstellerinnen der beiden Häuser benutzt worden sein.

Der Frischlufttunnel der Staatsoper

Wir ersuchten die Bundestheater-Holding Gesellschaft um eine Bestätigung des Gerüchts und um die Erlaubnis, etwaige unterirdische Tunnel und Gänge besichtigen zu dürfen. Das Ansinnen stieß auf Interesse, die Existenz zweier Kellergeschoße mit Verbindungsgängen in Richtung Burggarten und Hofburg wurde bestätigt: Dabei handelt es sich um zwei anlässlich der Erbauung der Oper errichtete und bis heute verwendete Gänge, den erwähnten Lüftungstunnel und den „Kostümgang“.

Die Begehung musste frühmorgens erfolgen, weil dazu das Lüftungsgebläse im Tunnel abgeschaltet sein muss. Schon um sieben Uhr warteten der für Bau- und Gebäudeangelegenheiten von Staats- und Volksoper zuständige Ingenieur Walter Renner und sein Werkmeister vor dem Bühneneingang der Staatsoper auf die Forscher, dann ging es zwei Stockwerke abwärts 8,5 Meter in die Tiefe. Von jedem Kellergeschoß zweigt ein Gang in Richtung Operngasse ab, einer davon ist der Lüftungstunnel, der unter der Operngasse zur Hanuschgasse und weiter in den Burggarten führt. Der Lüftungsgang von der Oper mündet unter der Terrasse des Palmenhauses. Dort befinden sich übrigens auch riesige, verborgene Hohlräume, von denen sich Gänge bis unter die Alber-

Die geschlossenen Brandschutzklappen im Lüftungstunnel der Oper.

Starke Motoren sorgen für einen ungebrochenen Frischluftzustrom in die Oper.

tina und die Hofburgtrakte ziehen, vor allem zum Küchentrakt, der bei Banketten und Bällen in der Burg noch immer für die Bereitung bzw. Erwärmung von Speisen dient. Die unterirdischen Hallen werden heute zur Lagerung der Jutesäcke für die tausend Rosen des Volksgartens, für die unzähligen Blumentöpfe und das diverse Gärtnerwerkzeug verwendet.

Auf alten Fotos der Baugrube der Oper aus dem Jahre 1861 sind übrigens bereits zwei ziegelgewölbte Tunneleingänge in Richtung Hofburg zu erkennen. Möglicherweise bauten die Architekten also bereits vorhandene, wesentlich ältere Gänge aus – was aber nicht mehr bewiesen werden kann. Eventuell noch vorhandene alte Ziegelgewölbe sind nämlich nicht mehr sichtbar, da die Wände des Ganges beim Wiederaufbau

der Oper nach dem Krieg mit Beton verkleidet wurden. Für die Annahme eines älteren Ganges spricht, dass der Tunnel vom Ansauggitter im Burggarten noch immer als älterer Gang weiter zum inneren Burghof führt. Der über 2,5 Meter hohe und ebenso breite Lüftungsgang erwies sich von der andere Seiten her bis zum Ansaugventilator als begehbar, dann versperren Brandschutzklappen den weiteren Weg.
Der zweite, tiefer liegende Tunnel wird als Verbindungsgang verwendet, durch den die Kostümwagen von den Schneiderwerkstätten in der Goethegasse in die Oper gebracht werden. Dieser Tunnel ist ca. drei Meter hoch und ebenso breit und biegt kurvig in die Goethegasse ein. Hier gibt es also endlich die lang gesuchten und von der Gerüchteküche noch länger kolportierten „Kutschen im Untergrund" – ob aber auch der Kaiser hier mit einer solchen fuhr, ist unbekannt. Theoretisch wäre es immerhin möglich gewesen.

Der Frischlufttunnel des Burgtheaters

Eine außergewöhnliche Führung mit Karl Heindl, dem Leiter der Abteilung Publikumsdienst und Sicherheit, gewährte uns einen Einblick in den Untergrund dieses traditionsreichen Hauses, das mit drei Stockwerken 20 Meter in die Tiefe ragt. Die spinnennetzartig verzweigten Hallen und Gänge werden als Depots oder als Versorgungsschächte für die aufwendige Technik verwendet, dort sind unter anderem Bühne und Unterbühne, Kulissendepots und der Frischlufttunnel unterge-

Filterstation der Luftanlage im Keller des Burgtheaters.

bracht. Verborgen in den Grundmauern ist auch die einstige Stadtmauer, die sich genau an dieser Stelle befand. Ihre Ziegelmauern, Gewölbe und Durchgänge haben sich im zweiten und dritten Kellergeschoß fast unversehrt erhalten. Zur Erinnerung daran wurde seinerzeit ein mit der Jahreszahl 1544 datierter Stein oben hinter dem schmiedeeisernen Tor des volksgartenseitigen Eingangs eingemauert. Besonders faszinierte uns aber der unterirdische Frischlufttunnel, der vom dritten, dem untersten Geschoß des Theaters aus bis unter seinen Einlass im Volksgarten begehbar ist.
Das vor 130 Jahren eingebaute und bis zum heutigen Tag einwandfrei funktionierende Belüftungssystem kommt ohne Energiezufuhr von außen aus. Es handelt sich dabei um eine technische Meisterleistung

Linke Seite: Das axial drehbare Tor mit Mittelauflage: ein gewaltiges Ventil, welches für die Luftmengenregulierung eingebaut wurde.

Ergonomisch geformter Gang für optimiertes Strömungsverhalten bei der Belüftung des Burgtheaters.

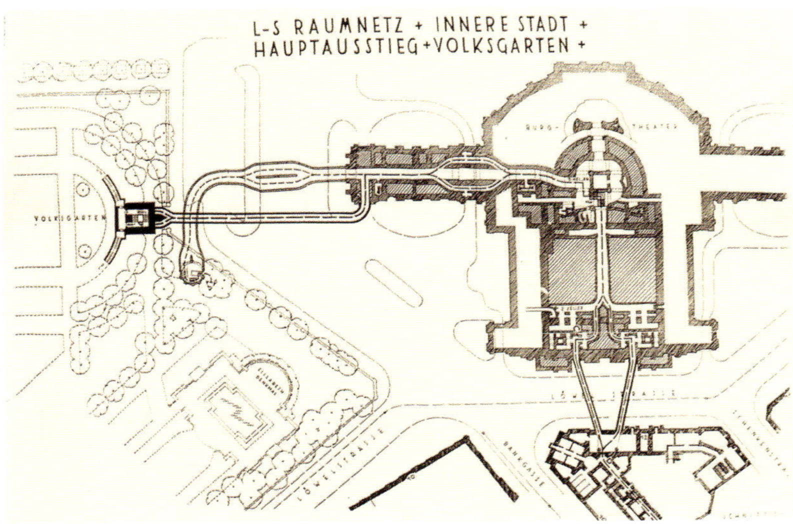

Plan des Burgtheaters aus dem Jahr 1945 mit dem Lüftungsgang und dem Fluchttunnel zum Luftschutz-Hauptausstieg im Volksgarten (Wiener Stadt- und Landesarchiv).

Eine der riesigen Metalltüren des Lüftungstunnels.

Die an einem Steuerrad vorgewählten Torstellungen wurden mittels Kette an das Tor übertragen.

des k. u. k. Hofbaumeisters Johann Schiedel, über die man noch heute nur staunen kann. Solche ausgeklügelten Lüftungssysteme gab es einst ebenso in der Oper, im Rathaus, im Parlament, in der Hofburg und im Telegraphenamt am Börseplatz. Eine geniale Konstruktion saugt die Frischluft aus dem Volksgarten durch einen stromlinienförmigen Tunnel an und bringt sie bis in den Zuschauerraum. Keine Ecke, keine Kante, kein Mauervorsprung verwirbelt den Luftstrom. Mittig stützt ein Pfeiler in Form eines Schiffbugs das Gewölbe und dient mit seinen ausbalancierten, riesigen Metalltüren als Luftschleuse. Diese Türen können über Ketten und Rollen mit einem einzigen kleinen Rad bewegt werden. Die Luft wird mittels zweier Wasserzisternen unter dem dritten Keller entfeuchtet, anschließend von einem großen Erdwärmespeicher erwärmt bzw. gekühlt und dann gefiltert. Unter jedem Theaterstuhl strömt sie danach durch einen kleinen Schlitz bis zu jedem Besucher, zugluftfrei und unbemerkbar wird das Theater bis in die oberste Logenreihe belüftet. Von dort steigt die verbrauchte Luft dann über den acht Tonnen schweren Deckenluster zum „Blasengel", der sich vom Wind angetrieben auf dem Dach des Gebäudes dreht und sie damit absaugt. Auch hier stellte sich die Frage nach einem Fluchttunnel für den Kaiser. Als die Autorin die verloren geglaubten Originalpläne des Burgtheaters von Carl Hasenauer in Wiener Stadt- und Landesarchiv ausfindig machte, fand sie den unterirdischen Bereich bis zum dritten Keller samt dem Wurmfortsatz des „Ventilations-Kanals" darauf eingezeichnet, aber keinerlei Anhaltspunkte für einen Fluchttunnel. Karl Heindl durchforstete daraufhin sein Archiv und entdeckte die Kopie eines Luftschutzplanes aus dem Jahre 1945, welcher das „L-S-Raumnetz Innere Stadt mit dem Hauptausstieg Volksgarten" betraf. Dieser enthüllt den Verlauf sämtlicher Luftschutzanlagen unter dem Burgtheater. Der Fluchtgang führt aus den Kellern der Häuser des Schottenviertels zum Haus Löwelstraße 12, von dort unter der Löwelstraße weiter in den zweiten Keller des Burgtheaters, über die Treppen weiter in dessen dritten Keller und dort weiter durch den Luftkanal in einen unterirdischen Gang, welcher hinter jener heute verschlossenen Mauer im dritten Keller neben der noch immer existierenden Wendeltreppe begann. Der Gang zweigte rechtwinkelig ab und endete laut Plan beim „Hauptausstieg Volksgarten". Von dem ehemaligen Stahlbetonbauwerk gleich hinter dem Parkeingang ist heute aber nichts mehr zu sehen, es wurde eingeebnet und ist spurlos verschwunden. Zur Klärung der Frage, ob es sich bei diesem auf dem Plan verzeichneten Gang um einen älteren Fluchttunnel aus der Kaiserzeit handelt, der nur als Luftschutz-Fluchtgang ausgebaut worden war, müsste der vermauerte Zugang erst freigelegt werden. Möglich wäre es immerhin.

Der historische Luftbrunnen unter der Neuen Burg

Die „Neue Burg" wurde im Auftrag Kaiser Franz Josephs von Gottfried Semper und Carl Hasenauer 1881 erbaut und von Anfang an zu musealen und zu Bibliothekszwecken verwendet. Die dort befindlichen Exponate und Archivbestände von unschätzbarem Wert sollten bei konstanter Temperatur und Luftfeuchtigkeit gelagert werden, um die nächsten Jahrhunderte unbeschadet überdauern zu können. Doch bis vor kurzem war dies keineswegs der Fall. Die Räume litten im Sommer an Überhitzung und Trockenheit, im Winter an Kälte und Feuchtigkeit. An viele Objekte der Waffenkammer hatte sich bereits Flugrost gelegt, das Holz der alten Musikinstrumente drohte zu springen, die alten Handschriften waren vom Zerfall bedroht. Die halbherzigen Renovierungen konnten nicht Abhilfe schaffen. Die Klimaanlagen und die Fernwärmeleitun-

gen mit ihrem 110 Grad heißen Wasser brachten mehr Schaden als Nutzen für das alte Gemäuer, die Kellertemperatur stieg auf 25 Grad.
Das historische Lüftungssystem der Neuen Burg, der „Luftbrunnen“, liegt sechs Meter tief unter der Erde und funktionierte mittels thermischen Auftriebs und Unter- bzw. Überdrucks. Je nach Jahreszeit kühlt oder erwärmt er die eingeleitete Außenluft ohne zusätzlichen Energieaufwand. Der Name „Brunnen“ für eine solche, schon in der Antike bekannte Art von Erdwärmetauscher ist durchaus gerechtfertigt, denn aufgrund der Kondensation der warmen Luft kann damit Trinkwasser gewonnen werden.
Die Luft für die Neue Burg wurde im Burggarten angesaugt und über ein hunderte Meter langes Gangsystem in deren Keller zum 1700 Kubikmeter großen Erdkern geleitet. Dieser erwärmte oder kühlte sie ab, damit sie dann über Steigschächte in die Räume strömen konnte. Bedauerlicherweise wurden diese Schächte 1938 zugemauert und seither nicht mehr geöffnet, denn man vertraute lieber auf die moderne Technik. Nun aber will man den alten Luftbrunnen reaktivieren: Die vermauerten Schächte im Bereich des Völkerkundemuseums wurden bereits geöffnet, das unterirdische Labyrinth wird wieder durchgängig gemacht, damit die Luft ungehindert zirkulieren kann. Derzeit befindet man sich noch im Versuchsstadium, ist aber voller Hoffnung, dass sich das Alte als das Bessere erweisen wird.
Die unendlichen und weitverzweigten Verbindungsgänge im Bereich der Hofburg, über die immer wieder gemunkelt wird, existieren nach all dem Gesagten tatsächlich, man kann – ausgestattet mit der entsprechenden Schlüsselgewalt und den unbedingt nötigen Ortskenntnissen – das Areal vom Burgtheater bis zur Staatsoper und zur Neuen Burg bis zum heutigen Tag unterirdisch und ohne jemals Tageslicht zu sehen durchqueren. Es wird noch immer intensiv genutzt.

UNTERIRDISCHE VERBINDUNGSGÄNGE

Der Geheimgang zum Kanzleramt

Als echten „Geheimgang“ darf man jenen unterirdischen Verbindungsgang zwischen Ballhausplatz und Präsidentschaftskanzlei bezeichnen, der auch anlässlich der Angelobung der Regierung Schüssel im Oktober 1999 benutzt wurde, um die wartende Journalistenmeute und die Demonstranten zu umgehen. Dieser heute mit Heizung, Terrazzoboden und beigem Wandanstrich ausgestattete Gang wurde vermutlich schon unter Maria Theresias allmächtigem Staatskanzler Wenzel Anton Fürst Kaunitz-Rietberg (1711–1794) zur Zeit der Errichtung der Staatskanzlei in den Jahren 1717 bis 1721 angelegt, um ihm von der Öffentlichkeit

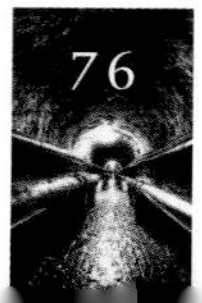

unbemerkt den Zugang zu seiner Kaiserin zu ermöglichen. Der Gang kann vom „Alten Hofkeller“ in der Schauflergasse 1 her betreten werden. Allerdings versperrt dort eine mit Zugangscode gesicherte Türe nach einigen Metern die Abzweigung zum Kanzleramtsgebäude. Das Bundeskanzleramt ist aber nicht nur mit der Hofburg unterirdisch verbunden, Kaunitz hatte auch Verbindungstunnel zum benachbarten Palais Dietrichstein-Ulfeld anlegen lassen, die bis heute benutzt werden.

Der Verbindungsgang zur Stiftskaserne

Ein weiterer Geheimgang existiert von der Hofburg zum „Regierungsbunker" in der Stiftskaserne. Innerhalb des Geländes dieses im 17. Jahrhundert gestifteten ehemaligen Waisenhauses, das Maria Theresia 1776 als Militärakademie umgewidmet hatte, wurde 1944 ein Geschützleitturm gebaut. Im Gebäude gegenüber dem FLAK-Turm in Richtung Siebensterngasse geht es sieben Stockwerke tief hinunter zu einem U-Bahngeleise. Es handelt sich dabei um einen Anschluss an ein nicht öffentliches Nebengeleise der U3, welches vom Ballhausplatz in Richtung Westbahnhof führt. Bei einer etwaigen Evakuierung könnten die Regierungsmitglieder direkt vom Regierungssitz aus in die Stiftskaserne fahren. Von dort startende Hubschrauber würden sie dann in den Hochsicherheitsbunker nach St. Johann im Pongau bringen. Angeblich wird dieses Szenario in regelmäßigen Abständen geprobt.

Der unterirdische Gang nach Schönbrunn

Hartnäckig hält sich das Gerücht von einem unterirdischen Gang zwischen der Hofburg und dem Schloss Schönbrunn. Der Legende nach wäre er über zehn Kilometer lang und genügend breit und hoch gewesen, um ihn mit der Kutsche durchfahren zu können, und noch heute sollen Teile davon begehbar sein. Doch trotz aller Bemühungen konnten wir keinerlei Pläne, seriöse Berichte oder sonstige Anhaltspunkte für seine Existenz finden. Seine Anlage, Beleuchtung und Belüftung wären früher eine technische Herausforderung ersten Ranges gewesen. Besonders die dazu nötige Untertunnelung des Wienflusses – zwar nicht völlig unmöglich, aber nur mit unvorstellbarem und nicht geheim zu haltendem Aufwand machbar – gehört daher wohl ins Reich der Phantasie. Mit Sicherheit besteht – zumindest heute – keine solche Verbindung: Zu viele Neubauten mit Tiefgaragen und U-Bahnlinien wurden inzwischen gebaut, zu viele Kanalrohre unterirdisch verlegt. Es sei denn, der legendäre Fluchttunnel läge noch tiefer, unter sämtlichen ehemaligen Baugruben auf dem Weg vom Stadtzentrum bis zum Schloss Schönbrunn. Die theoretische Möglichkeit bestünde wohl, die Wahrscheinlichkeit ist aber sehr gering.

Rechte Seite: Abgang in die unterirdischen Welten des Hauses Demel.

Amouröse Geheimgänge

Unterirdische Geheimgänge unter dem näheren und weiteren Bereich der Hofburg sollen verschiedenen Berichten nach den Habsburgern zu amourösen Ausflügen verholfen haben, da sie von der Hofburg zu verschiedenen Adelspalais oder zu Vergnügungsetablissements führten. Um diese Wege zu erkunden, begaben wir uns auf die Spuren derjenigen Habsburger, die besonders umtriebig in Herzensdingen waren, wie besonders die zahlreichen Erzherzöge der Neben- und Seitenlinien. Als bevorzugtes Jagdrevier dienten ihnen die Nobeladressen Demel und Sacher. Beide Zuckerbäcker waren k. u. k Hoflieferanten, daher durften sie ihre süße Ware an den Kaiserhof liefern. Dazu gehörten die feinen Torten, Bonbons und Glacés, aber auch die „süßen Mädeln“ vom Ballett der Hofoper und des Hofburgtheaters. Die „Anlieferung“ erfolgte durch den „Lieferanteneingang“, und zwar vorzugsweise durch die unterirdischen Verbindungsgänge zwischen der Hofburg und den beiden Hofzuckerbäckereien.

SÜSSER GEHEIMGANG DER KAISERIN SISI

1., Kohlmarkt 14 Die Hofzuckerbäckerei Demel

Im Demel-Museum: römische Säule in Zweitverwendung.

Als im Jahr 1994 die Raiffeisen Bank den 1786 gegründeten Demel übernahm, erfolgte eine umfassende Renovierung des Gebäudes. Dabei wurde auch ein zweites Kellergeschoß entdeckt, unter dem man auf römische Mauern und eine Zisterne stieß. Der erste Keller aber

besitzt einen seit langem bekannten Verbindungsgang zum Loos-Haus und zur Hofburg, der nach den Annalen der Hofzuckerbäckerei als Lieferantenzugang zur Burg und zum Burgtheater benutzt wurde. Der jeweils jüngste Kellner, der Piccolo, musste während der Theaterpausen „Gefrorenes" vom Demel in die Logen der Aristokratie liefern. Auch Kaiserin Elisabeth ließ sich ihre geliebten Veilchenbonbons und andere Köstlichkeiten über unterirdische Wege bringen – und zwar gar nicht selten, wie die Rechnungen der Hofzuckerbäckerei beweisen. Die Sisi-Biographin Katrin Unterreiner schreibt: *Besonderen Wert legt Elisabeth auf ihre schlanke Linie. Sie war 172 Zentimeter groß und wog zwischen 45 und 47 Kilo. Bewundernswert war ihre unglaubliche Taille von 51 Zentimetern Umfang ... ins Reich der Legenden muss verwiesen werden, dass Elisabeth ständig hungert, um schlank zu bleiben. Rechnungen aus verschiedensten Konditoreien zeigen, dass Elisabeth gerne Mehlspeisen und vor allem Eis isst.*

Der unterirdische Gang im Demel-Museum

Viele Besucher des Demel übersehen, fasziniert von den Köstlichkeiten des Tortenbuffets, den Abgang zum Keller. Dort unten befindet sich das Demel-Museum, eine sehenswerte Sammlung von Dekorationsstücken aus Zucker und Marzipan, von alten Eiskartuschen und Backformen. Von dort führt hinter einer meist verschlossenen Türe der beschriebene unterirdische Gang in Richtung 240 Grad Südwest zur Hofburg. Der Gang diente nicht nur dem Bonbon- und Gefrorenentransport, son-

Der römische Brunnen im tiefsten Keller der k. u. k. Hofzuckerbäckerei Demel.

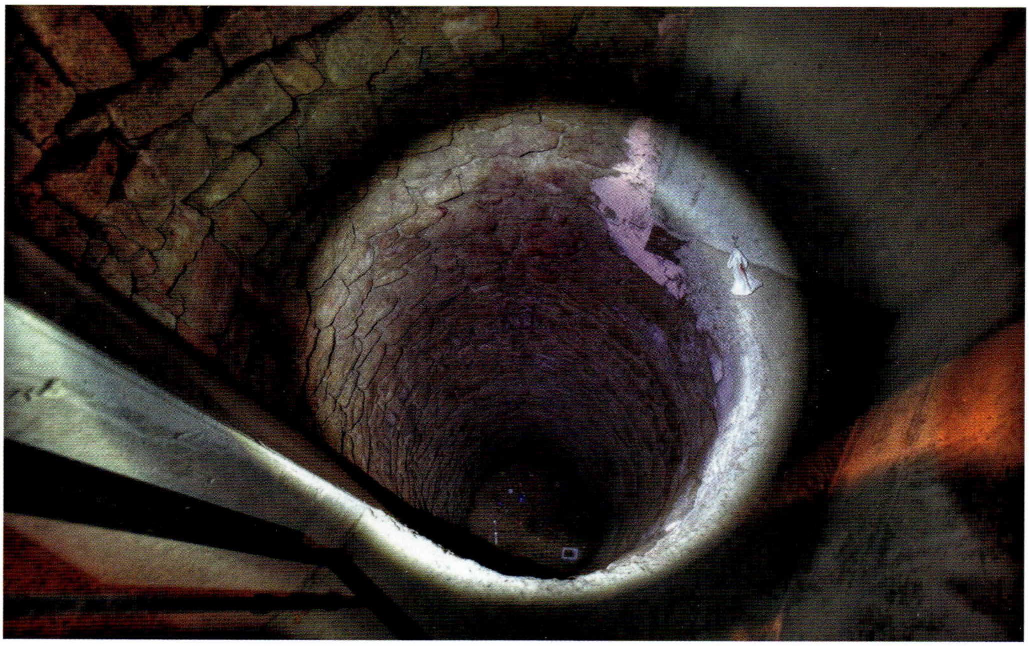

dern auch als Geheimgang, um ungesehen die Hofburg verlassen oder betreten zu können, was aus politischen Gründen oft nötig war. Er ist – wie wir im Palais „Kaiserhaus" in der Wallnerstraße feststellen konnten – Teil eines viel längeren Geheimgangs, den schon Kaiser Franz I. Stephan (1708–1765), der Gemahl Maria Theresias, benutzte, um sein Palais in der Wallnerstraße ungesehen erreichen zu können.
Im Demel-Keller entdeckt man erstaunt einige römische Bauteile in Zweitverwendung, wie eine römische Wasserleitung aus Stein, die quer durch den Raum verläuft und in einem Bogen in der Wand verschwindet. Auch eine römische Säule, vermutlich Teil eines Portikus, wurde bei der Errichtung des Barockpalais wieder verwendet. Man legte sie quer und mauerte sie als Fundament für den Hauskanal im Kellergewölbe ein. Der römische Brunnen hinter der Backstube im zweiten Keller geht noch mindestens einen Stock tiefer hinunter. Leider kann er nicht besichtigt werden, da das Betreten der Backstube für Unbefugte verboten ist.

DAS ALCHEMISTENLABOR IM PALAIS KAISERHAUS

1., Wallnerstrasse 3

Das Palais in seiner heutigen Gestalt wurde wahrscheinlich vom Barockbaumeister Josef Emanuel Fischer von Erlach (1693–1742) unter Verwendung zweier Vorgängerbauten in der ersten Hälfte des 18. Jahrhunderts errichtet. Im Erdgeschoß haben sich Gewölbe aus dem 15. Jahrhundert und darunter zwei Kellergeschosse mit noch älteren Mauerresten erhalten. Kaiser Franz I. Stephan von Lothringen erwarb das Palais im Jahr 1740 vom Grafen Lambert-Sprinzenstein und besaß es bis zu seinem Tode. Eine Tafel im Eingangsbereich verrät: *Dieses „Kaiserhaus" benannte Palais gehörte von 1740 bis 1765 Kaiser Franz Stephan von Lothringen, dem Gemahl Maria Theresias. Es diente ihm als persönliches Quartier, als Empfangshaus für Besuche, die dem „Heiligen Römischen Reich" galten, während die Hofburg der Verwaltung der Kronländer Maria Theresias vorbehalten war.*
Das „persönliche Quartier" bot dem Kaiser nicht nur die Möglichkeit, seine Aufgaben als Kaiser des Heiligen Römischen Reiches zu erfüllen, sondern auch dem strengen Reglement des Alltags in der Hofburg zu entfliehen und seinen privaten Interessen nachzugehen. *Es entwickelte sich zum Nebenschauplatz kaiserlicher Diplomatie, geheimer Verhandlungen und inoffizieller Aktivitäten,* schreibt die Historikerin Renate Zedinger dazu. Das Palais diente dem Kaiser auch für seine Geschäfte, bei denen er sich als hervorragender Finanzmann erwies. Er konnte hier problem-

Schauplatz kaiserlicher Experimente: das vermutliche Alchemistenlabor.

los und ohne Zeremoniell Menschen empfangen, denen ein Zutritt zur Hofburg nicht möglich gewesen wäre. Vermutlich wurden hier auch geheime Versammlungen der – damals verbotenen – Freimaurer abgehalten, zu denen der Kaiser gehörte. Geheimtreffen amouröser Art sollen ebenfalls hier stattgefunden haben, fern von den scharfen Augen seiner Gemahlin, denn der Kaiser galt als schöner und freigiebiger Kavalier. Sein besonderes Interesse galt den Naturwissenschaften, zu denen damals die Alchemie gezählt wurde. Im Kaiserhaus war es möglich, Wissenschaftler und Künstler um sich zu versammeln, von denen viele aus seiner Heimat Lothringen stammten. Es war sozusagen eine lothringische Enklave mitten in Wien, ein Ort der Geselligkeit, der Forschung und allerlei geheimer Aktivitäten. Dem geheimsten davon versuchten wir auf die Spur zu kommen:

Das Laboratorium

Es soll ein alchemistisches Labor im Keller des Hauses gegeben haben, wo nicht nur versucht wurde, Gold herzustellen, sondern auch sogenannte *homunculi*, also künstliche Lebewesen. Dass der Kaiser tatsächlich alchemistische und andere naturwissenschaftliche Versuche unternahm, ist hinlänglich bekannt. So sollte beispielsweise der Goldmacher Sehfeld aus Oberösterreich in seinem Auftrag Gold herstellen. Wo genau die Experimente aber stattfanden, darüber herrscht Unklarheit. Reste einer kaiserlichen Alchemistenküche fand man im Untergeschoß des Tiergarten-Pavillons von Schönbrunn. Es wird aber auch von einem Laboratorium im Palais Kaiserhaus berichtet. *In den Untergeschossen verbarg sich das Laboratorium des Kaisers, wo Experimente durchgeführt wurden, die als Entscheidungshilfe für wirtschaftliche Innovationen benötigt wurden,* schreibt Renate Zedinger. Wir machten uns auf die Suche nach diesem Ort.

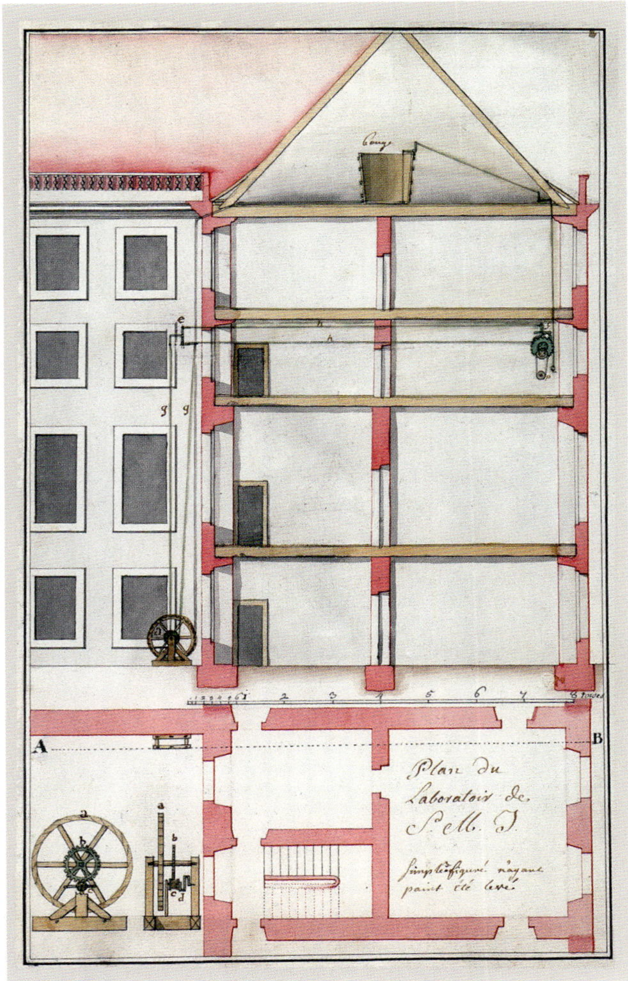

Plan des „Laboratoirs seiner Majestät“. (ÖNB-Handschriftensammlung)

Zuerst galt es, die Pläne des Gebäudes aus den Jahren 1740 bis 1745 ausfindig zu machen. In der Handschriftensammlung der österreichischen Nationalbibliothek befindet sich ein 16-seitiges Konvolut über das „Laboratoir de S.M.I.“, das Laboratorium Seiner kaiserlichen Majestät, in der Wallnerstraße 3. Darin sind Pläne und Beschreibungen von hydraulischen Maschinen, wie einer Wassermaschine und einer Steinschneidemaschine, und der Plan eines Gebäudetraktes, genannt „Laboratorium“, enthalten. Dieser in der Literatur oft und gerne als Beweis für die wissenschaftlichen und alchemistischen Studien des Kaisers und für die Existenz eines Laboratoriums im Kaiserhaus zitierte Plan entpuppte sich jedoch nach genauer Betrachtung als wenig aussagekräftig. Denn er zeigt keinen wie immer gearteten Keller, sondern nur einen Schnitt des Gebäudes von den Grundmauern bis zum Dach. Im Hof des Gebäudes steht eine Apparatur, die – über Zahnräder mit Seilen bis in das Dachgeschoß – mit einem Bottich verbunden ist und deren Zweck sich leider aus der Zeichnung nicht erhellt. Allerdings wird im Text des Konvoluts die Wirkungsweise einer Wassermaschine erklärt, um die es sich hier handeln könnte. Das Wort „Laboratorium“ wird in dem Dokument also eindeutig als Bezeichnung für das gesamte (oberirdische) Gebäude verwendet und bezeichnet folglich nichts anderes als einen Ort, wo praktische Experimente im Bereich der Naturwissenschaften durchgeführt werden konnten. Diese können ebenso physikalische Versuche wie Arbeiten mit chemischen

Ein seltsamer Raum unter dem Palais „Kaiserhaus“.

Materialien gewesen sein. Die Bezeichnung Laboratorium alleine beweist folglich noch keineswegs das Vorhandensein einer Alchemistenküche, sondern nur das einer naturwissenschaftlichen Forschungsstätte. Näheres über die Forschungen des Kaisers erfährt man aus dem *Wiener Diarium* von 1746: Er verbrachte Stunden damit, den elektrischen Experimenten des Mathematikers und Jesuitenpaters Joseph Frantz beizuwohnen, welche dieser mit einer langen Eisenstange vornahm. Er überwachte ferner die Versuche seiner Ingenieure mit Wassermaschinen, hydraulischen Pumpen und Steinschneidemaschinen. Ein Beweis für seine alchemistischen Experimente stand aber noch aus. Erst die Begehung des Gebäudes brachte dank der freundlichen Genehmigung des derzeitigen Mehrheitsbesitzers Dr. Michael Kraus und seiner Hinweise Licht in die Sache.

Der Brennofen im Keller

Der gesamte Gebäudekomplex ist zweigeschossig unterkellert, ein wahres Labyrinth von verwinkelten Gängen erstreckt sich unter dem Haupt- und den beiden Seitentrakten, ja selbst unter dem Hoftrakt. Die Kellergänge enden dort, wo die ehemaligen Mauerdurchbrüche zu den Nachbarhäusern mit Ziegeln verschlossen wurden. Einzig der Durchgang unter der Wallnerstraße zum Palais Esterházy ist klar erkennbar, man konnte die unterirdische Verbindung noch nachvollziehen. Am Ende jenes Ganges, der die linke Gebäudeeinfahrt untergräbt, konnte nach einigen Metern – in gebückter Haltung vorwärts robbend – eine schlufartige Verengung (ca. 80 Zentimeter breit und 120 Zentimeter hoch) entdeckt werden, hinter der sich ein kleiner, etwa zwei Meter hoher, kreisförmiger Raum befindet, dessen eigenartige Architektur rätselhaft ist. Er ist mit einem kuppelartigen Ziegelgewölbe gedeckt. An einer Seite der Kuppel gibt es eine Ausnehmung, von der ein ca. 50 mal 50 Zentimeter breiter Schlot nach oben führt. Der Raum hat an einer Seite ein kleines gewölbtes, allerdings jetzt vermauertes Loch in Bodennähe, das eventuell zum Ansaugen von Luft bestimmt gewesen sein könnte. Im Vorraum gibt es ein kleines vermauertes Fenster mit steinernem Fensterrahmen, in einem Nebenraum eine kreisrunde Bodenausnehmung, vielleicht ein ehemaliges Brunnenloch. Auf Grund von Form und Ausführung dieses sehr seltsamen Kellerraumes muss man die Auffassung des Besitzers teilen, dass es sich hier um das gesuchte Alchemistenlabor handeln könnte. Der kreisrunde Kuppelraum mit seinem charakteristischen Schlot könnte einer der üblicherweise vier in solchen Küchen vorhandenen Brennöfen gewesen sein. Neben der Kellertreppe befindet sich noch ein zweiter runder Raum, dessen Zugang leider mit einer Ziegelwand verschlossen ist. Möglicherweise handelt es sich dabei um einen zweiten Brennofen. Das Vorhandensein der runden Kellerräume lässt die Existenz eines kaiserlichen Alchemistenlabors jedenfalls als sehr wahrscheinlich behaupten, wenn auch nicht eindeutig beweisen, da Pläne oder Urkunden völlig fehlen.

Der unterirdische Pferdestall

Eine weitere Überraschung fand sich in jenem Keller, der unter den ehemaligen Kutschengaragen liegt. Dort befindet sich noch der alte Pferdestall aus dem Jahre 1740 mit seinen zwölf Einstellplätzen. Die zwölf steinernen Pferdetränken und Futternischen sind bis heute erhal-

Der unterirdische Pferdestall aus dem Jahre 1740.

Noch immer vorhanden: die steinernen Trinkschalen der Pferde.

ten geblieben, nur die Gitter fehlen. Die Rampe in den Keller konnte nicht entdeckt werden, eine moderne Metalltreppe befindet sich an der vermuteten Stelle. Das seit 21 Jahren im Palais tätige Hausbesorger-Ehepaar versicherte aber, dass die Rampe bei ihrem Dienstantritt noch vorhanden gewesen, später aber abgetragen worden sei.

Der Geheimtunnel zur Hofburg

Wir suchten weiter, denn der Legende nach soll der Kaiser durch einen unterirdischen Tunnel mit der Kutsche von der Hofburg zum Palais gefahren sein. Tatsächlich führt unter dem 2011 neu eröffneten Damenmodegeschäft links neben der Hauseinfahrt eine Tunnelröhre von je 2,50 Metern Breite und Höhe von der Wallnerstraße in Richtung Hofburg, es handelt sich tatsächlich um einen mit Pferd und Wagen befahrbaren Tunnel, der aber heute zum Nachbarhaus hin leider verschlossen ist. Wie Dr. Michael Kraus bestätigte, war er noch 1957 offen und durchgängig, als sein Vater das Palais übernahm. Heute ist es leider nicht mehr möglich, den Spuren des interessanten Kaisers bis unter die Hofburg zu folgen, doch immerhin konnte ein Blick auf jene unterirdischen geheimen Orte getan werden, die vermutlich – zu seiner Zeit wie auch heute – erst wenige Eingeweihte betreten haben.

UNTER DEM HOTEL SACHER

1., Philharmonikerstrasse 4

Das traditionsreiche Hotel war häufig Schauplatz von Filmen und Dokumentationen Vor allem der Film *Der Dritte Mann*, die Geschichte eines Penicillinschmugglers im Wien der Nachkriegszeit, machte das Sacher und das unterirdische Wien weltberühmt. Graham Greene (1904–1991), der Autor des Drehbuches, wohnte im Jahr 1948 eine Woche lang im Sacher. Ein britischer Offizier hatte ihm von den unterirdischen Gängen erzählt, von den Tunneln des Wiener Kanalsystems und von den Kellern der Stadt, die alle miteinander verbunden waren. Also recherchierte Greene vor Ort und an der Hotelbar, oberirdisch und unterirdisch, bei Schmugglern, Kanalarbeitern und den hungernden Menschen im Wien der Nachkriegszeit.

Der Tunnel zum Jockey-Club

Bis zum Jahr 1945 war das Hotel Sacher unterirdisch mit dem Philliphof am Albertinaplatz, einem eleganten Mietshaus und einer der nobelsten Adressen Wiens, verbunden. Das Gebäude war im Jahre 1883 an Stelle des alten Bürgerspital-Zinshauses von Wilhelm Zierer und Carl König auf einem dreieckigen Areal errichtet worden. Im Erdgeschoß hatten sich elegante Geschäfte eingerichtet, und im Mezzanin versammelten sich Adelige und Großbürger im 1867 gegründeten „Jockey-Club", dem nobelsten Herrenclub von Wien mit angeschlossenem Spielcasino. Im Club wurden Millionengeschäfte abgeschlossen und ganze Vermögen verspielt, bis im Jahr 1918 der Glanz zusammenbrach. Seine Mitglieder waren Aristokraten und Großbürger. Der Name

Geschäftsportal „Zum Jockey-Club", die letzte Erinnerung an den mondänen Herrenclub der Gründerzeit.

des Club-Präsidenten musste sogar im Hof-Gotha verzeichnet sein. Einflussreiche Herren der Wiener Gesellschaft pflegten dort ihre Beziehungen, und zwar Geschäftsbeziehungen, aber auch solche der delikaten Art. Durch den unterirdischen Geheimgang wurden die betreffenden Damen von der Oper zuerst in den Club und dann in ein Séparée ins Sacher geschleust. Der unterirdische Gang ist noch ansatzweise vorhanden, er endet aber seit dem Wiederaufbau der Staatsoper an deren damals eingezogenen Betonwänden und am anderen Ende in den unterirdischen Trümmern des Philipphofs. Die letzte Erinnerung an den mondänen Jockey-Club hält das Herrenmodegeschäft „Zum Jockey-Club" in der Tegetthofstraße 7 wach, das 1913 von Alfred Müller gegründet wurde, zu den Glanzzeiten des Clubs. Genau unter dem Geschäftslokal verläuft der Geheimgang von der Oper weg zum Sacher und weiter zum Albertinaplatz. Alfred Müllers Neffe und Nachfolger kennt viele Geschichten über die noblen und oft auch schrulligen Besucher, von denen sein Onkel gerne erzählte. Im ersten Stock des Gebäudes befand sich das Produktionsbüro des Filmregisseurs Willi Forst, daran angeschlossen waren einige Künstlergarderoben der Oper, darüber lagen Mietwohnungen. Der Jockey-Club besteht noch heute, wenn auch an anderem Ort, und blieb dem Modegeschäft verbunden.

DIE U-BAHN UNTER DER STADTMAUER

1., Lobkowitzplatz

Aus dem Jahre 1844 datiert das Konzessionsgesuch des Ingenieurs Heinrich Sichrowsky mit der Idee einer sogenannten „atmosphärischen Eisenbahn" nach dem System von Medhurst und Clegg. Dabei wären die Züge mittels der Luftpumpen stationär aufgestellter Dampfmaschinen auf hydraulische Weise voran bewegt worden. Sichrowskys Strecke sollte vom Lobkowitzplatz, unterhalb des Wiener Glacis weiter zum Wienfluss bis nach Hütteldorf führen, wird in der „Geschichte der Wiener U-Bahn" berichtet. Unter dem 1685 errichteten Palais Lobkowitz befinden sich nämlich hallenartige Tunnelgänge, die man damals für die Errichtung einer ersten Wiener U-Bahn verwenden wollte. Leider fanden sich für dieses Projekt keine Investoren, sodass die Idee verworfen und der durchaus weitblickende Plan nicht verwirklicht wurde.

Die Tunnel unter der Stadtmauer

Die Tunnel unter den Häusern und unter der alten Stadtmauer wurden spätestens zur Zeit der Ersten Türkenbelagerung 1529 angelegt und danach immer wieder erweitert und ausgebaut. Die enormen Gewölbe

Eine Kinderrutsche im Palais Lobkowitz führt zum ehemaligen Tunnel unter der Stadtmauer.

unter dem Lobkowitzplatz dürften beim Bau des Glacis, der Fläche vor den Basteien (Bastionen), entstanden sein, welches die Innenstadt von den Vorstädten trennte. Diese waren damals nur über vier Ausfallstraßen vom Zentrum her erreichbar. Das Glacis musste unverbaut bleiben und diente in Kriegs- und in Friedenszeiten militärischen Zwecken. Die Soldaten benötigten daher eigene Zugänge, um rasch von ihren vor der Stadtmauer liegenden Kasernen, wie beispielsweise in der Josefstadt und der Leopoldstadt, samt ihren dort ober- oder unterirdisch gehaltenen Pferden zum Glacis zu gelangen. Diese Zugänge lagen unter der Erde: Solche beeindruckenden Tunnel in der Breite von drei Autobussen gibt es noch unter den Häusern der Lenaugasse im achten Bezirk und, wie bereits berichtet, unter der Augustinerbastei. Der Tunnel unter dem Palais Lobkowitz ist der letzte Rest dieser unterirdischen Verbindungsachsen, der in der Innenstadt bis heute vorhanden ist. Der alte Durchgang zum Glacis war vor wenigen Jahren noch passierbar, wurde aber im Zuge der Renovierung der Albertina mit einer Mauer verschlossen.

III. Kapitel

Leichen im Keller

LEICHENSTUDIUM IM NAMEN DER KUNST

1., Schillerplatz 3

Seite 90/91: Pesttote im Keller eines Wohnhauses in der Elisabethstraße.

Die Akademie der bildenden Künste befindet sich seit 1877 am Schillerplatz, dem alten Kalkmarkt, in einem von Theophil Hansen (1813–1891) im Stil der Neo-Renaissance errichteten Gebäude.

Der Anatomiesaal im Keller

Anlässlich eines „Tages der offenen Tür" konnte das üblicherweise nicht öffentlich zugängliche Kellergeschoß der Akademie am Schillerplatz besichtigt werden. Dort befindet sich einer der letzten noch original erhaltenen Anatomiesäle Europas. Er diente den Kunststudenten für das Studium des menschlichen Körpers und seiner einzelnen Organe *in natura*. Der Seziertisch mit der originalen Marmorplatte ist noch erhalten, auf dem den Studenten die Sektionen demonstriert wurden. Die Platte ist mit Rinnen und einem Loch in der Mitte versehen, um die Körperflüssigkeiten abzuleiten. Die Studenten saßen auf Sitzbänken im Halbkreis um den Tisch. Der Raum wurde nur zu diesem Zweck verwendet, denn er erhält kein Tageslicht. Angeblich hat man diese Übungen nach 1900 eingestellt. Heute findet der anatomische Zeichenunter-

Der Seziertisch im Keller der Kunstakademie.

richt im Museum für Geschichte der Medizin, im „Narrenturm“ und im Anatomischen Institut der Universität Wien statt. Der Anatomiesaal ist nur gelegentlich zugänglich, wie beispielsweise anlässlich der Aufführung von Theaterstücken und der Präsentation von Installationen und Performances, die in die Umgebung eines Seziersaales passen. „Leichen im Keller“ gibt es hier nur mehr auf der Bühne.

DIE PESTTOTEN TAUCHEN AUF

1., Elisabethstrasse

Bei Grabungen im Keller eines Wohnhauses in der Wiener Innenstadt machten Arbeiter im Juni 2010 einen grausigen Fund: Unter dem zweiten Kellergeschoß eines Gründerzeithauses lagen menschliche Skelette, Schädelteile und andere Knochen. Die Ermittlungen der Exekutive und der Stadtarchäologen ergaben schließlich, dass es sich um die Toten einer Pestgrube auf dem einstigen Bürgerspitalsfriedhof handelt. Schon 1995 und 1996 waren zahlreiche solcher Gräber in der Elisabethstraße freigelegt und dokumentiert worden. In einem der Keller war damals auch eine Seuchengrube entdeckt worden, die aus der Zeit der Epidemie von 1521 stammen dürfte.

Der Armenfriedhof des Bürgerspitals

Die Elisabethstraße verläuft über den ehemaligen „Koloman-Friedhof“. Der im 13. Jahrhundert vor dem Kärntnertor angelegte Friedhof gehörte zum Bürgerspital und war ursprünglich eher für die Armen bestimmt, denn die Wohlhabenden ließen sich in und um die Kirchen der Stadt begraben. Im Jahr 1529 zerstörten die Türken den Friedhof. Im Jahr 1548 wurde er dann im Zuge des Ausbaus der Verteidigungsanlagen komplett eingeebnet.

Schriftliche Quellen sprechen von nicht näher genannten *Pestgruben auf dem Friedhof vor der Stadt*. Bisher fand man zwar schon 77 solcher Massengräber, die sich allerdings am Rand der alten „Vorstädte“ Wiens (der Gemeindebezirke III bis IX) befinden, wo man einst für Tausende von Pesttoten „Siechgräben“ ausgehoben hatte: nahe dem Ulrichsberg, in der Mondscheingasse, Zollergasse und Siebensterngasse. Auf diese trifft der Ausdruck „Friedhof vor der Stadt“ aber wohl nicht zu. Der Fund der Skelette in der Elisabethstraße hingegen bestätigt diese Angabe, es gab tatsächlich Pestgruben unmittelbar vor der Stadtmauer. Der unterste Horizont der Knochenfunde ist in die Zeit der ersten großen Pestepidemie von 1349 zu datieren, darüber liegt ein jüngerer Bestattungshorizont, der vermutlich von 1521 stammt.

Die Skelette aus der Pestgrube

Bei einer Besichtigung des Fundortes waren wir von der Weitläufigkeit der drei Kellergeschoße unter den Mietshäusern der Elisabethstraße überrascht. Die Keller sind miteinander verbunden und formen ein Labyrinth aus Gängen, Treppen, Winkeln und Räumen. Unter dem Bodenniveau in einem der Kellerräume hatten die Arbeiter die Gräber bei Rohrsanierungen gefunden: Drei Skelette lagen in einer

Pestgrube unmittelbar vor der Stadtmauer: Skelette aus der Zeit des Schwarzen Tods.

Erdgrube, in seitlicher Hockposition und mit dem Blick nach Osten. Sie waren also sorgfältig bestattet worden, und nicht – wie anzunehmen wäre – hastig hineingeworfen und chaotisch übereinander liegend wie in anderen Pestgruben. In zwei weiteren Gruben lagen ebenfalls Skelettteile, die Gruben setzten sich unter den Nachbarhäusern fort.

Der Dämon in der Pestgrube

Als die Pest in Wien wütete, waren so viele Opfer zu beklagen, dass man nicht mehr imstande war, sie alle würdig zu bestatten. Daher wurden nicht nur auf den Friedhöfen außerhalb der Stadt Pestgruben ausgehoben, sondern auch auf der Nordseite des Stephansdomes eine Öffnung gegraben, durch die man die Leichen über eine rutschbahnartige Vorrichtung in die Tiefe beförderte. Dort blieben sie liegen, bis der natürliche Zerfallsprozess einsetzte. Es gab Zeiten, in denen der Stephansdom geschlossen werden musste, weil der enorme Verwesungsgestank aus der Tiefe in das Kircheninnere drang. Da vermauerte man die Pestgruben. Eine ist noch heute zu sehen, durch eine kleine runde Öffnung im Boden der Katakomben, durch die gerade ein menschlicher Körper hindurchpasst. Der Hohlraum darunter ist bis oben mit Knochen gefüllt. Die Öffnung musste inzwischen mit einem Gitternetz versehen werden, denn die Gebeine stellten eine zu große Verlockung für nekrophile Souvenirjäger dar: Gar nicht selten erhält der Dompfarrer

Über eine Rutschbahn wurden die Toten in die Tiefe befördert: Pestopfer in den Katakomben unter dem Stephansdom.

Toni Faber Pakete von anonymen Absendern, worin er Knochen mit Begleitbrief findet: Darin wird um Vergebung für den Diebstahl und um die Rückführung der Gebeine in die Katakomben gebeten. Wie viele Tote sich in dieser Pestgrube befinden, weiß man nicht, denn sie wurde nie geöffnet. 2011 erfuhren die Zuseher einer Fernsehsendung von den Dämonen des Stephansdoms. Es wurde behauptet, dass der Dämon der Pestgrube nicht weichen könne, solange die Knochen der Toten nicht würdig bestattet seien. Der Dompfarrer war überrascht, denn seiner Meinung nach hätten die ruhelosen Seelen und dieser Dämon durch die unzähligen Messen, die seither im Dom gelesen worden waren, wohl schon längst ihre Ruhe gefunden. Trotzdem versprach er vor laufender Kamera, die Grube öffnen, die Knochen herausholen und in einer würdigen Zeremonie neu bestatten zu lassen – so könne nach Reinigung der Grube der Dämon ins Licht entlassen werden. Bei den dann zu erwartenden Untersuchungen könnte diese Pestgrube möglicherweise noch einige Geheimnisse preisgeben.

Linke Seite: Verlockung für nekrophile Souvenirjäger: Gebeine von Pesttoten in den Katakomben zu St. Stephan.

DIE TOTEN VOM PHILIPPHOF

1., Albertinaplatz

Einen Friedhof ganz anderer Art gibt es noch heute mitten in Wien, vor Albertina und Staatsoper. Verschüttet von den Trümmern eines der größten Wohnhäuser der Innenstadt liegen hier die Leichen hunderter Menschen unter der Erde. Sie starben in einer Bombennacht im Keller des Philipphofes.

Die Bombennacht

Wie überall in Wien so waren auch die Keller unter dem Philipphof als Schutzräume eingerichtet worden. Diese hier galten sogar als besonders sicher. Deshalb flüchteten nicht nur die Hausbewohner selbst, sondern auch die Menschen aus den umliegenden Häusern dorthin. Von Süditalien kommend, näherte sich am 12. März 1945 ein amerikanisches Bombengeschwader dem Zentrum Wiens, bald fielen Bomben. Bei dieser schwersten Bombardierung der Innenstadt wurden der Platz um die Albertina und auch die Oper fast völlig zerstört. Der Philipphof stürzte in sich zusammen und begrub mehr als 300 Menschen im Luftschutzkeller, nur 36 überlebten. Die anderen verbrannten oder ertranken im Wasser, das aus den geplatzten Wasserrohren schoss. Ihre Leichen konnten niemals geborgen werden und liegen noch heute dort. Im Jahr 1947 wurde die Ruine des Philipphofes gesprengt, das Grundstück wurde aus Pietätsgründen nicht mehr verbaut.

ALBERTINA
www.bouchal.com

*Linke Seite:
Der Helmut-Zilk-Platz gegenüber der Albertina: Hier stand einst das eleganteste Wohnhaus Wiens.*

„Orpheus betritt den Hades": Das Mahnmal gegen Krieg und Faschismus von Alfred Hrdlicka ist auch den Toten des Philipphofs gewidmet.

Das Mahnmal gegen Krieg und Faschismus

Auf dem Areal des ehemaligen Philipphofs wurde im Dezember 1988 anlässlich des 50. Gedenkjahres des Verlustes der österreichischen Eigenstaatlichkeit durch den „Anschluss" das „Mahnmal gegen Krieg und Faschismus" des österreichischen Bildhauers Alfred Hrdlicka enthüllt. Ein Teil davon, welcher die Szene „Orpheus betritt den Hades" darstellt, ist auch den Opfern des Philipphofs gewidmet. Der Sänger Orpheus, der nach der griechischen Sage den Totengott bezwang, wird hier von den Rachegöttinnen zerrissen. Er symbolisiert die Sangeskunst in der Oper und das Totenreich unter dem Albertinaplatz.

IV. Kapitel

Entdeckungen im Bezirk Landstraße

SPIONAGETUNNEL UNTER DEM SACRE CŒUR

3., Rennweg 31

Ein Spionagetunnel in der Klosterschule

Seite 100/101: Ein vergessener Ort: das Beatrixbad.

Einer der größten Gärten Wiens, der Park des ehemaligen Jagdschlosses des Staatskanzlers Kaunitz am Rennweg 31–33, erstreckte sich vom Rennweg bis zur Beatrixgasse und von der Ungargasse bis zur Metternichgasse. Nur mehr Reste davon haben sich als Oasen der Ruhe inmitten der Großstadt erhalten. Einer davon ist der Garten des Sacre Cœur, einer der bekanntesten Privatschulen Wiens, wo noch uralte Baumriesen, wie eine 300-jährige Eiche, stehen und viel über die alten Zeiten erzählen könnten. So auch über die allgegenwärtige Bespitzelung der Besucher des Jagdschlosses.
Im Jahre 1980 hatte ein Artikel im Jahresbericht der Klosterschule Sacre Cœur über den Fund eines Spionagetunnels und einer Abhörvorrichtung aus dem 18. Jahrhundert zwar etwas Aufmerksamkeit erregt, war aber inzwischen fast vergessen worden. Dieser Sache wollten wir nun nachgehen. Ein Anruf bei der dienstältesten Schwester der Klosterschule brachte nicht nur die Bestätigung der seinerzeitigen Angaben, sondern die Erlaubnis der Ökonomatsschwester zur Besichtigung. Sie war damals bei der Entdeckung und Ausgrabung mit dabei gewesen, als der legendäre Verbindungstunnel zwischen der Hofburg und dem Kaunitz-Schlössl – zumindest ansatzweise – noch begangen werden konnte.

Die Abhörvorrichtung

Kloster und Schule waren im Jahre 1867 von Schwestern des Ordens zum heiligen Herzen, des Sacre Cœur, gegründet worden. Die Kongregation hatte zu diesem Zweck das Palais Dietrichstein-Prandau am Rennweg Nummer 31–33 angekauft, welches um 1770 als kleines Jagdschloss für Maria Theresias Kanzler Fürst Kaunitz-Rietberg errichtet worden war und deshalb im Volksmund bis heute Kaunitz-Schlössl heißt. Die Zahl der Schülerinnen wuchs von ursprünglich zwölf bis heute sechshundert an, weshalb immer wieder neue Gebäudeteile an das alte Hauptgebäude angefügt werden mussten. Im Jahr 1980 wurde der Speisesaal vom Architekten Raimund Heinz um- und ein Aufzug für die Anlieferung der Schulmilch eingebaut, um die zugelieferte Milch vom Rennweg in den ca. 1,5 Meter tiefer gelegenen Speisesaal der Schule zu transportieren. Der Speisesaal liegt nämlich tiefer als das Straßenniveau des Rennwegs, weil dieses beim Bau des Wiener Neustädter

Kanals 1803 angehoben worden war. Während des Liftbaues brach plötzlich der Boden des Speisesaals ein und darunter tat sich ein riesiges Loch auf, ein Hohlraum, der ein komplettes Kellergeschoß freigab. Als man damals hinunterstieg, entdeckte man eine Kapelle, deren Existenz keinem mehr bekannt war. Alte Pläne des Kaunitz-Schlössls zeigten nur einen Eiskeller im Untergeschoß, nicht aber eine Kapelle. Wie man dann herausfand, hatten die ersten Schwestern diese 1867 im Keller eingerichtet, um das ganze oberirdische Schlössl für Schul- und Wohnzwecke verwenden zu können.
Bei der Renovierung des Speisesaals hatte man eine Säule entfernt, die nur mehr dekorative Funktion hatte. Überraschenderweise enthielt die hohle Säule ein Metallrohr von der Stärke eines Ofenrohrs. Zu Kaunitz' Zeiten war hier ein Ankleideraum gewesen, über dem sich im 1. Stock der Empfangssalon des Fürsten befand. Das Rohr führte dort hinauf, es handelte sich offenbar um ein Lauschrohr zum Abhören der Gäste. Ein Diener saß wohl unten im Ankleidezimmer und belauschte deren Gespräche im Auftrag seines Herrn, der als Staatskanzler ja auch der Geheimdienstchef ihrer Majestät war.

Das Spionagenetzwerk des Fürsten

Das Stadtpalais von Kaunitz am Ballhausplatz dient heute als Bundeskanzleramt. Die Umgestaltung der Zentralbehörden und die Schaffung des Staatsrats waren hauptsächlich sein Werk, wobei ein riesiges Beamtenheer entstand. Das Volk wurde mit aufklärerischen Reformen von oben her zwangsbeglückt, jeder und jede wurde bezüglich deren Einhaltung und der politischen und moralischen Einstellung bespitzelt, jeder Kontakt mit dem revolutionsgefährdeten Ausland wurde kontrolliert. Kaunitz verwendete selbst das Postwesen des Habsburgerreiches zu diesem Zweck: Er besetzte alle Poststationen mit konspirativen Mitarbeitern, welche vornehmlich die Korrespondenz ausländischer Diplomaten auszukundschaften hatten. Sie kopierten heimlich alle verdächtigen Briefe und sandten die Abschriften nach Wien. Als dies auch mit der Post eines englischen Gesandten namens Keith geschehen sollte, steckte der Schnüffler die von ihm angefertigte Kopie versehentlich mit in den Umschlag des Originals, sodass es der Brite selber erhielt. Als er gegen diese Art von Kontrolle bei Kaunitz protestierte, kommentierte dieser die Panne lakonisch: *Was wollens, lieber Keith? Die Leit' sind halt noch ung'schickt. Es wird scho werden.* Kaunitz unterhielt auch an allen wichtigen Höfen Europas seine Spione, ließ in Wien natürlich auch alle in Gasthöfen abgestiegenen Ausländer überwachen und, wie der Augenschein beweist, selbst seine eigenen Gäste. Das nachrichtendienstliche Spionagenetzwerk diente wohl auch den Freimaurern und Illuminaten, zu deren Kreisen Kaunitz gehörte, für ihre politischen Ziele.

Die unterirdische Kapelle

Im März 2011 gingen wir gemeinsam mit der Ökonomatsschwester den alten Spuren im Sacre Cœur nochmals nach, der Speisesaal wurde besichtigt. Der Milchaufzug aus dem Jahr 1980 existiert noch, wurde aber seit der Einstellung der Schulmilchaktion nicht mehr verwendet. Spionagesäule und Rohr waren 1980 abgerissen und entsorgt worden, der frühere Standort konnte noch lokalisiert werden. Hinter einer Türe versteckt, führt die damals entdeckte Wendeltreppe nach oben, vermutlich diente sie einst der fürstlichen Dienerschaft. Nach unten hin war sie abgebrochen, daher mussten wir für den Einstieg eine Leiter benutzen. Auch die ehemalige Augenzeugin stieg mit hinab, um nach so vielen Jahren die Kapelle nochmals zu sehen. Es handelt sich dabei um einen gewölbten Raum von gut 20 Quadratmetern, der komplett mit dunkelroter Farbe ausgemalt ist. Stirnseitig ist noch der Abdruck eines zwei Meter großen Altarkreuzes zu sehen. Offenbar war der Altar aus seiner Verankerung gerissen worden, die Mauer ist aufgebrochen. Zwei große Löcher klaffen links und rechts des Kreuzabdrucks, wo einmal zwei Medaillons angebracht waren. Hinter der Altarmauer befindet sich die kleine ehemalige Sakristei. Es gibt sogar noch ein altes Gasrohr zur Beleuchtung der Kapelle,

Abstieg zur Unterkirche im Sacre Cœur.

Der Gang zur unterirdischen Kapelle.

Die dunkelrote Farbe ist noch erhalten.

Die 20 m² große unterirdische Kapelle.

und ein Belüftungsrohr führt hinaus in den Garten, wo man das Ende noch sehen kann. 1980 wurde erwogen, die Kapelle zu reaktivieren, doch musste dieser Plan wegen zu hoher behördlicher Auflagen fallen gelassen werden. Nichts geschieht mehr dort unten, und irgendwann werden der Zahn der Zeit und die Feuchtigkeit die Wandbemalung völlig zerstört haben. Der Zauber dieser mystischen Welt erfährt hier buchstäblich vor unseren Augen seine Auflösung.

Der legendäre Verbindungstunnel zur Hofburg

Durch eine vormals hinter einem Holzbild verborgene Maueröffnung in der Kapelle konnten wir in einen kreisrunden Schacht sehen, in dem sich einst eine Wendeltreppe befunden hatte, die in ein zweites Kellergeschoß hinunterführte. Von der Treppe war nichts mehr vorhanden, also stiegen wir abermals über eine Leiter hinab. Unten liegt der Schutt mindestens 1,5 Meter hoch und bedeckt fast zur Gänze einen niedrigen Durchgang. Auf dem Bauch kriechend gelangten wir durch einen steinernen Torbogen und erreichte den alten Eiskeller, der ebenfalls mit Schutt gefüllt ist. Die Einschuböffnungen für die Eisblöcke sind noch vorhanden, aber von oben mit Beton verschlossen. Erstaunlicherweise öffnet sich am Ende des Eiskellers abermals ein niedriger, schmaler Durchgang zum nächsten Raum und dahinter nochmals ein schmaler Durchgang, der allerdings mit Steinen verschlossen ist. Die Stelle muss etwa unter der Reisnerstraße liegen, kurz vor dem ehemaligen Palais Metternich. Es könnte sich hier um den legendären Tunnel zur Hofburg handeln, von dessen Existenz gelegentlich berichtet wird. Ob der Tunnel aber wirklich bis zur Hofburg führte, konnte nicht mehr festgestellt werden. Die Schwester bestätigte aber, dass dieser Gang parallel zum Rennweg verläuft, also in Richtung Stadtzentrum, und zwar in einer Tiefe von zehn Metern unter dem Straßenniveau. Sie habe bereits als Schülerin des Sacre Cœur im Jahre 1949 davon gehört, es habe auch sicher noch mehr versteckte Durchschlüpfe in alle Richtungen gegeben, so auch einen unter dem Rennweg hindurch. Dessen Öffnungen könnten beim Bau der Österreichischen Staatsdruckerei am Rennweg 16 im Jahr 1888 verschlossen worden sein, um Werte wie Briefmarken, Personalpapiere, Gutscheine, Aktien und Lotteriedrucksorten vor Dieben zu schützen. Möglicherweise wurden beim kürzlich erfolgten Umbau zum Hotel noch Spuren solcher Mauerdurchbrüche gefunden. Vielleicht gibt es auch noch Öffnungen hinter den Schutthalden des Eiskellers. Die Kellermauern sind, wie die des ganzen Kaunitz-Schlössls, gut einen halben Meter dick. Kein Geräusch von oben dringt in die Tiefe herab, obwohl oben der Autoverkehr über den Rennweg braust und die Straßenbahn dahin donnert.

Der Einstieg zum legendären Hofburg-Verbindungstunnel.

Sand und Schutt im alten Eiskeller.

Der vermauerte Durchschlupf zum Nachbarhaus.

DAS VERSTECK IM EISKELLER

3., Salesianergasse 26/Rennweg 19

Der wiederentdeckte Eiskeller

Rechte Seite oben: Rätselhafte Wandöffnung: der wiederentdeckte Eiskeller.

Rechte Seite unten: Hier, in der Mitte des Eiskellers, konnte das Schmelzwasser versiegen.

In der Salesianergasse in Wien-Landstraße trifft man noch auf schöne, alte Häuser aus der Biedermeierzeit. Eines der am sachkundigsten und liebevollsten renovierten ist das Eckhaus Salesianergasse 26/Rennweg 19. Als sich die Eigentümerin des seit fünfzig Jahren im Besitz ihrer Familie stehenden Gebäudes im Jahre 2003 entschloss, das Sockelgeschoß renovieren zu lassen, entdeckte sie eine vermauerte Türe im Keller des Hauses. Sie ließ diese durchbrechen. Dahinter verbarg sich ein Treppenabgang in einen ihr bis dahin völlig unbekannten Raum. Überraschenderweise hatte sie den alten, vergessenen Eiskeller des Hauses wiederentdeckt. Zwar hatte ihr seinerzeit der Vater davon erzählt, der Raum war jedoch irgendwann mit Schutt gefüllt, zugemauert und vergessen worden. Sie erkannte dessen Einzigartigkeit und informierte die Historiker des Bundesdenkmalamts, die den Eiskeller vermaßen und dokumentierten.

Die umgekehrte Pyramide

Dankenswerterweise ermöglichte uns die Besitzerin den Zugang zum Keller. Das erste Kellergeschoß enthält einige Hallen und Gänge von beeindruckender Größe. Am Ende öffnet sich der Abstieg in eben jenen wieder entdeckten 3,3 Meter hohen Raum. Die ehemalige Holztreppe ist vermorscht, wir mussten über eine Leiter einsteigen. Nur so gelangt man in den großen, 4,1 Meter breiten und 4,6 Meter langen, fast quadratischen Raum. Überraschenderweise ist der Boden nicht eben, sondern fällt von allen vier Seiten nach unten ab, wie bei einer umgekehrten Pyramide. In den Plänen des Bundesdenkmalamtes ist ein Gefälle von 70 auf 170 Zentimeter eingetragen. Rinnen münden in einen 80 Zentimeter breiten Sickerschacht, sie waren einst für das abschmelzende Eiswasser bestimmt. An der Westseite führt der Rest einer 90 Zentimeter breiten Treppe zum Obergeschoß, wo sich vormals ein Gasthaus und später eine Bäckerei befanden, und im Osten gibt es noch die einen Meter breite Eisrutsche, die von der Straße hinunterführt. Der Keller ist in Ziegelbauweise ausgeführt und mit einem Tonnengewölbe gedeckt. Ob dieses – wie sonst üblich – mit Kupfer ausgekleidet war, um die Kälte des Eises so lange wie möglich zu konservieren, kann man nur mehr vermuten. An den

Nummernschild im Keller (!) des Hauses.

Rechte Seite oben: Die Eisrutsche in den Keller.

Rechte Seite unten: Das original erhaltene Brunnengestänge: Metallröhren in einem ausgehöhlten Baumstamm.

Wänden sieht man die eisernen Haken, woran die Holzstange befestigt war, an der die zu kühlenden Würste, Fleischstücke und andere Lebensmittel hingen. Eine wahrlich ausgeklügelte und im Wiener Raum einzigartig erhaltene Konstruktion!

Eine tierische Vergangenheit

Die ganze Gegend war erst nach dem Ende der Türkengefahr aufgeblüht, es wurde Mode, sich außerhalb der Stadtmauern zu unterhalten. Entsprechende Etablissements schossen aus dem Boden, so auf diesem Grundstück der mündlichen Überlieferung nach eines der Tier-Hetztheater. Tierhetzen stellten damals eine beliebte Unterhaltungsart dar, verboten wurden sie erst 1796 von Kaiser Franz II./I. (1768–1835). Noch bis vor wenigen Jahrzehnten wurde den Kindern der Wohnhäuser rund um die Salesianergasse 26 streng verboten, beim Spielen das Erdreich aufzugraben, sonst würden sie auf Tierleichen aus dem ehemaligen Hetztheater stoßen – so hat sich die Erinnerung erhalten, da vermutlich manchmal tatsächlich Tierknochen zum Vorschein kamen.

Dem Hetztheater folgte eine Anlage für Pferd- und Ponyreiten, betrieben von einer Zirkusfamilie. Danach kaufte die Familie Weisshappel das Grundstück und errichtete hier 1842 ihr Wohn- und Gasthaus „Zum Schwarzen Rössel". Das Unternehmen Weisshappel, Fleischerei und Gastronomie, ehemaliger k. u. k. Hoflieferant, das längst auf den Petersplatz im ersten Bezirk übersiedelt war, bestand übrigens noch bis zum Jahre 2009. Das Haus in der Salesianergasse war schon 1960 an die Familie der jetzigen Eigentümerin verkauft und bis 2003 noch nie wesentlich umgebaut worden. Somit war auch der Keller original erhalten geblieben. Das erste Kellergeschoß war von jeher als Lagerraum verwendet worden, sowohl vom ehemaligen Gasthaus zwischen 1842 und 1880 als auch von der nachfolgenden Bäckerei und Konditorei, die bis 1969 bestand. Der darunter liegende Eiskeller wurde ebenfalls von beiden benutzt.

Das „todsichere" Versteck

Während der Bombennächte fanden die Hausbewohner Zuflucht in diesen Kellern, die als Schutzräume besonders geeignet waren, da wegen der Ecklage Ausstiege in mehrere Richtungen führten. Daran erinnert noch das Luftschutzgitter der Firma Mannesmann oberhalb eines der Ausstiege vor dem Haus Nummer 24, das sich im Gehsteig erhalten hat. An einer Wand des Schutzraumes standen Stockbetten, an der anderen Wand waren Sitzbänke aufgereiht. Der darunter gelegene Eiskeller wurde damals als Abort verwendet, gefüllt mit Torf, um den

Geruch zu mildern. Als die Russen 1945 anrückten, versteckten die Hausbewohner in aller Eile ihre Wertsachen in eben diesem Eiskeller und ließen ihn zumauern. Der Maurer aber war taub. Als er die letzte Kelle Mörtel ausfasste und seine Arbeit fast beendet hatte, klopfte ihm jemand von hinten auf die Schulter – ein russischer Soldat. Das „todsichere" Versteck war verraten, die Bewohner verloren ihre Wertsachen und all ihr Hab und Gut. Was mit dem Maurer passierte, weiß man nicht. Der Eiskeller diente später nur mehr als Mülldeponie und wurde irgendwann zugemauert.

Der alte Brunnen

Im Innenhof des Hauses gibt es noch einen 12 Meter tiefen Brunnen, auch sein originales Schöpfgestänge, Metallröhren in einem ausgehöhlten Baumstamm, hat sich erhalten. Der Brunnen dürfte noch aus der Zeit des Hetztheaters oder des Zirkus stammen. Wie so üblich im alten Wien, lagen die Aborte des Wohnhauses in nur einem Meter Abstand vom Brunnen entfernt – eine der Hauptursachen für die immer wiederkehrenden Seuchen. Im Jahr 1874 wurde das Haus dann an die öffentliche Wasserleitung angeschlossen, womit der Brunnen seine Bedeutung verlor. Im Zuge von Renovierungsarbeiten wurde der Brunnenschacht vom dort angesammelten Schutt befreit und mit einer Steinplatte verschlossen.

DES TEUFELS ALCHEMISTENKÜCHE

3., ERDBERGSTRASSE 6/KUNDMANNGASSE 29 · PETRUSAPOTHEKE

Eines der ältesten Häuser in Wien-Erdberg ist das Haus „Zu den fünf Glückskugeln", in der Erdbergstraße 6. Das Haus hatte bereits vor 1529 bestanden und soll der Sage nach sogar römischen Ursprungs sein. Nach seiner Zerstörung während der osmanischen Kriegshändel wurde es von Dominikanermönchen wieder aufgebaut, deren Klosterapotheke sich bis 1788 hier befand. Das Gebäude wechselte mehrmals den Eigentümer, bis im Jahre 1951 die Familie Kutiak, die bereits im Nebenhaus (Erdbergstraße 8) eine Arzneimittelfabrik besaß, es kaufte und seither hier die „Petrusapotheke" betreibt. Deren Inneneinrichtung stammt aus der ehemaligen Klosterapotheke und steht unter Denkmalschutz.

Das Haus trägt einen recht interessanten Namen, im Biedermeier nannte man es „Zu den fünf Glückskugeln". Um eine Erklärung dafür zu finden, muss man eine alte Erdberger Sage heranziehen, in der wohl ein Körnchen Wahrheit stecken muss. Sie berichtet, dass einer der

Dominikanermönche im Keller des Hauses ein Alchemisten-Laboratorium eingerichtet haben soll, wo er nicht nur allerlei Arzneien, sondern auch Gold herzustellen versuchte. Er soll es zu großem Ansehen und Weisheit gebracht haben.

Die Sage von den fünf Glückskugeln

Der Mönch Albertus fand eines Tages ein altes Buch in der Klosterbibliothek. Darin las er von den fünf Kugeln, deren Besitz Ansehen und Reichtum versprach. Durch sie soll auch die italienische Fürstenfamilie Medici zu Macht und Besitz gekommen sein, weshalb sie die Kugeln in ihrem Wappen führte. Das Buch stammte aus ihrem Besitz. Der Mönch wollte nun unbedingt in den Besitz der Glückskugeln gelangen. Da trat eines Tages der Teufel in Gestalt eines Bettlers in das unterirdische Laboratorium und zeigte ihm eine Schatulle mit fünf Kugeln.

Tafel am Haus „Zu den fünf Glückskugeln".

Der schlaue Mönch erkannte sie sofort und bot dem Bettler Geld dafür an, was dieser höhnisch lachend ablehnte und unter fürchterlichem Schwefelgestank aus dem Raum fuhr. Zwar erkannte der Mann nun, mit wem er es zu tun gehabt hatte, er war jedoch wie verrückt vor Gier nach dem Schatz. Da kam der Teufel zurück und schlug ihm einen Handel vor: Würde der Mönch vier der fünf Kugeln verschenken, so würde er ihm die höchste Weisheit verleihen. Würde er aber der Versuchung, alle fünf Kugeln für sich zu behalten, nicht widerstehen, dann würde der Teufel für immer Macht über ihn und das gesamte Haus haben. Albertus schaffte es tatsächlich, wenn auch schweren Herzens, eine Kugel nach der anderen zu verschenken und somit auf die Gaben Reichtum, Macht, Gesundheit und Langlebigkeit zu verzichten. Die letzte aber brachte ihm die ersehnte Weisheit ein. Der Teufel musste das Haus verlassen und bekam niemals Macht darüber und über dessen Bewohner – bis zum heutigen Tag.

Der Alchemistenkeller

Der Besitzer der Petrusapotheke lud uns ein, der Sage auf den Grund zu gehen und die Alchemisten-Werkstatt des Dominikanermönchs in seinem Keller zu suchen. Es ging zwei Stockwerke tief hinab. Die Grundmauern des Kellers, die Räume mit ihren steinernen Torbögen, Bruchsteinmauern und schmalen Wendeltreppen, stammen höchstwahrscheinlich aus der ersten Bauphase des Hauses, sie wären demnach mindestens 400 Jahre alt. Neueren Datums sind die Stahltüren mit Spezialverriegelung aus der Kriegszeit. Der vorsintflutliche Heizkessel hat seit langem ausgedient. Auf alten Holzregalen lagern noch Glasbehälter, Phiolen und pharmazeutisches Gerät, denn früher rührte man hier die Arzneien an. Aus der Rezepte-Sammlung von Dr. August Ignaz Kutiak (gest.1923) haben sich noch einige Kuriosa erhalten, so das „Nervenstillende Pulver gegen Zahnschmerzen“ oder die wundersame „Essigsaure Donner-Erde“. Es ist gut vorstellbar, dass einst auch der Dominikanermönch Albertus in diesem Keller seine alchemistischen Experimente mit Tiegeln, Kolben und Retorten durchführte. Er soll hier seine fünfte Kugel aus Kristall, die ihm zu Weisheit verhalf, vergraben haben. Sonderbar: Die Hauschronik der Petrusapotheke überliefert Erzählungen von Mitgliedern der Familie Kutiak, die gelegentlich bis in unser Jahrhundert hinein das Leuchten einer Kristallkugel gesehen haben wollen. Sie soll zu besonderen Zeiten und Anlässen, etwa der Geburt eines Stammhalters, aus dem Kellerboden aufgetaucht sein. Möglicherweise hat ihr Erscheinen aber eher mit dem Wein zu tun, den der legendäre Metzgerwirt vom gegenüberliegenden Wirtshaus (Landstraße 55) laut Hauschronik im ehemaligen Laboratorium lagerte.

Arzneikeller der Petrusapotheke.

Die Alchemistenküche des Mönchs Albertus: Auf Holzregalen lagert pharmazeutisches Gerät zur Arzneimittelherstellung.

Mit Spezialverriegelung: die Stahltüren im Luftschutzkeller.

DAS VERSCHWUNDENE BEATRIXBAD

3., Beatrixgasse 14

Rechte Seite: Der Brunnen im Beatrixbad: lange ein Betätigungsfeld der Forschergruppe „Verborgene Räume“.

Bei seiner Eröffnung im Jahre 1888 hatte das Beatrixbad über die damals modernste Ausstattung verfügt, wie Dampf-, Wannen- und Schwimmbad für Hydrotherapie und Kuranwendungen. Es befand sich im Souterrain einer fünfstöckigen Mietshausgruppe, die sich zwischen Beatrixgasse 14, Linke Bahngasse 9 und Münzgasse 5 erstreckt. Der Bau wurde von der Firma Dehm & Olbricht ausgeführt, er war für Josef Wieser (1853–1918) und den wohlhabenden Industriellen und Gutsbesitzer Eduard Lotz bestimmt. Beide waren selber im Bauwesen tätig und forderten für alle ihre Bauprojekte die Verwendung der neuesten technischen Errungenschaften. Sie setzten dabei die damals modernste Kraft- und Wärmetechnik ein, beispielsweise im Wohnhaus Strohgasse 35, wo sie erstmals eine für die einzelnen Wohnungen individuell steuerbare Dampfzentralheizung einbauen ließen. Eine solche gab es auch in dem Komplex in der Beatrixgasse. Die zum Betrieb des Beatrixbades notwendige Energie lieferte ein kleines Elektrizitätswerk, das im Besitz Wiesers stand. Die Öffentlichkeit war lange der Meinung, das Beatrixbad sei inzwischen völlig demoliert worden und nichts erinnere mehr an den alten Glanz. Zeitungsberichte darüber enden in der Zeit des Zweiten Weltkriegs, es war schwer beschädigt und vermutlich deshalb nicht mehr wieder in Betrieb genommen worden.

Im Laufe der Zeit war es in Vergessenheit geraten. Sogar die Historiker Hans Pemmer und Franz Englisch berichteten im Jahr 1981, dass es nicht mehr existiere: *Auf dem Areal von Beatrixgasse 14-14b stand im 18. Jh. der Erzbischöftliche Mayerhof, der 1783 als Bischofstadel erwähnt wird. Im Vormärz befand sich an dieser Stelle die Stuckbohrerei. Im Grundbuch heißt es: Diese Realität ist dermalen die k.k. Stuck Bohrerei, 1850 ist das löbliche Cameral-Aerar, 1870 die Wiener Baugesellschaft Besitzer des Grundes, 1888 entstand das heute nicht mehr bestehende Beatrixbad, das außer Dampf-, Wannen- und Schwimmbädern auch elektrische und Kohlensäurebäder besaß.* Nun gelang es aber, seine Spuren zu finden und für die Nachwelt zumindest zu dokumentieren, wenn schon nicht zu erhalten: Im Jahre 2010 begab sich die Arbeitsgruppe „Verborgene Räume“, zu der auch Teammitglied Robert Bouchal und Thomas Keplinger gehören, im Rahmen eines Forschungsprojektes für das Bezirksmuseum Landstraße auf die Suche. Das Mietshaus hatte einen neuen Eigentümer bekommen, der es umbauen wollte. Vor Beginn der Renovierungsarbeiten stellte er der Forschungsgruppe die historischen Pläne zur Verfügung und gestattete erstmalige Untersuchungen im Keller, da er an der Rettung des ehemaligen Bades interessiert war.

So konnte die Arbeitsgruppe Souterrain und Keller des Hauses und somit das ehemalige Beatrixbad betreten, das seit dem Bombentreffer

dem Verfall preisgegeben war. Die Kriegsschäden waren nur in den oberen Geschoßen behoben worden, der Keller war unberührt geblieben. Die Kellertreppe war beim Lokalaugenschein noch vollständig erhalten, die bei Schutzräumen üblichen fluoreszierenden Leuchtstreifen wiesen den Weg noch immer nach unten, wie seinerzeit während der Luftangriffe, als sie den Schutz suchenden Menschen den Zugang zum unterirdischen Sammelplatz erleichtern sollten. Als man im Keller angelangt war, fand man dort völlig unbeschädigte Marmortafeln mit Aufschriften und Hinweispfeilen zum Bad vor. Mit etwas Phantasie kann man sich anhand der Spuren den einstigen Badebetrieb noch gut vorstellen, als die damals wohlhabende Schicht ihre Wasserkuren in eleganter Atmosphäre genoss.
Die große Schwimmhalle im Souterrain mit ihren hohen Fenstern, die das Tageslicht hereinließen, ist ebenfalls noch vorhanden, das gesamte Wasserbecken ist mit Marmorplatten ausgelegt, aber die Kriegsschäden sind nicht zu übersehen. Unrat, Schutt und Staub haben inzwischen davon Besitz ergriffen, und ein schweres Metallgeländer am Beckenrand und entlang der Schwimmbad-Stufen ist bereits mit Grünspan überzogen. Das noch immer intakte Bassin ist an der Innenseite mit einem ca. 30 Zentimeter breiten fluoreszierenden Leuchtstreifen bemalt – offenbar war es als Sammelstelle und somit als Luftschutzraum verwendet worden. Sonstige, für den Badebetrieb notwendige Sanitärräume wie Duschen, Toiletten und Ankleidekabinen waren im zweiten Kellergeschoß untergebracht und sind nur mehr fragmentarisch vorhanden, doch kann man in den Nassräumen sogar noch Geräte und Armaturen sehen. Es gibt auch einen mit Glas überdachten Innenhof, der sich vom Keller über mehrere Stockwerke nach oben erstreckt. Diese lichtdurchflutete Halle wird als Kesselhaus bezeichnet. Die Halle steht jetzt leer, vom Wieser'schen Elektrizitätswerk keine Spur. Vermutlich war sein Metall im Krieg eingeschmolzen worden, was das endgültige Aus für den Badebetrieb bedeutet hatte.

Die Dampfkolbenmaschine

Die Arbeitsgruppe unternahm umfangreiche Grabungen, die sich über mehrere Monate erstreckten, Tag für Tag und an vielen Wochenenden. Was sie zu Tage förderte, überstieg alle Erwartungen. Zunächst grub man eine völlig verschüttete Treppe aus und fand auf ihrem Grund eine Dampfkolbenmaschine des Typs 1682 mit einem Wasserrohranschluss, der zu einem acht Meter tiefen Brunnen führte. Die genaue Funktionsweise der Maschine war allerdings nicht zu eruieren, denn der Zahn der Zeit hatte zu sehr an ihr genagt. Mit großer Wahrscheinlichkeit hatte sie der Wärmegewinnung für das Warmwasserbecken und die Dampfkammern gedient. Über welche Rohrverbindungen und Schlote dies

Die Dampfkolbenmaschine lag meterhoch vergraben – in einem Treppenhaus des Beatrixbades.

geschah, blieb leider verborgen. In kleinen Nebenschächten des Fußbodens fand man die alten Schilder des Badebetriebs. Die gravierte Marmortafel im Badebecken wurde ebenfalls geborgen und konnte auf diese Weise vor der Zerstörung gerettet werden.

NS-Post und Waffen im Treppenhaus

Neben der Dampfmaschine befand sich ein kleiner Sickerschacht, in dem die Gruppe zu ihrem Erstaunen mehrere stark korrodierte Schusswaffen entdeckte: zwei Revolver der Bauart Lefautcheux und zwei doppelläufige Schrotflinten, die als Jagdwaffen identifiziert werden konn-

Post aus 1942, unterzeichnet mit „Heil Hitler!".

ten. Daneben fanden sich etliche Patronen, die aber nicht zu diesen Waffen gehörten. Vielleicht hatte sich hier jemand zu Kriegsende seiner verbotenen Waffen entledigt! Die Gegenstände wurden dem Bezirksmuseum Landstraße übergeben.

In einem Kollektorgang neben dem Schwimmbecken, welcher nur kriechend erkundet werden konnte, fanden sich mit Schreibmaschine beschriebene Papierblätter aus dem Jahr 1942. Es handelt sich dabei um Post an die Hausbewohner, die Blätter waren mit der Parole „Heil Hitler!" signiert. Sie waren, wie aus dem Text hervorgeht, seinerzeit einem Modekatalog des „Wiener Weltmodenverlags" beigelegt. Offensichtlich waren sie wegen ihres Inhalts im Schacht entsorgt worden. Auch dieser Fund wurde dem Bezirksmuseum übergeben.

In einem Bodenschacht befand sich aber auch eine größere Zahl von Artefakten, die offenbar unbeabsichtigt hierher gelangt waren: Neben Glasscherben, Bierkapseln, Haarkämmen und Knöpfen lag auch eine in Gold gefasste Tierkralle. Ferner wurde ein österreichisches Ein-Groschenstück aus dem Jahre 1934 gefunden.

Die größte Überraschung bedeutete jedoch die Entdeckung eines acht Meter tiefen, Wasser führenden Hausbrunnens, bei dem es sich vermutlich um denjenigen handelt, der einst das Bad mit Wasser versorgte. Er war – zur Freude der Entdecker – voll mit Metallteilen aller Art. In der Hoffnung, noch andere Kriegsrelikte zu finden, versuchte Robert Bouchal ihn mit Hilfe großer Tauchpumpen zu leeren. Allerdings war der Wasserzufluss zu stark, und so gelang dies selbst nach drei weiteren Ver-

Gewehrkolben und -läufe fanden sich im Sickerschacht der geheimnisvollen Dampfmaschine.

Pistolen mit Riemen und Resten von Halftern wurden hier vergraben!

Vergrabene Munition in einem Stiegenhaus des Beatrixbades!

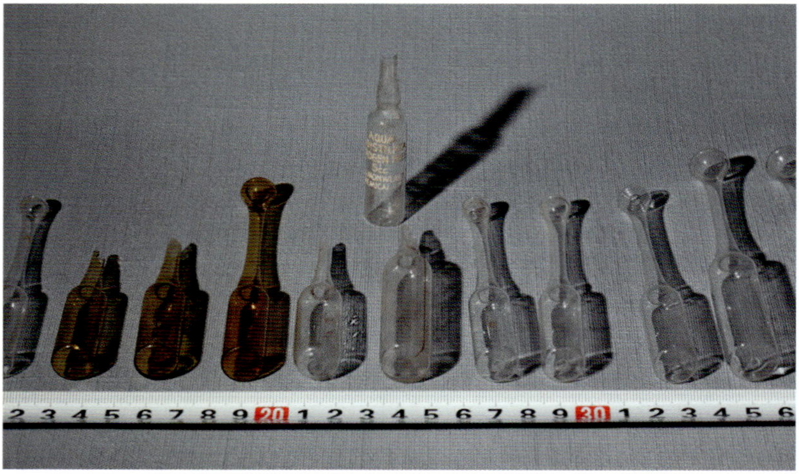

Aus welchem Grund mauerte man diese Glasphiolen im Keller des Hauses ein?

suchen mit immer stärkeren Pumpen nicht. Daraufhin ließ er eine selbst gebaute und mit starkem Licht ausgestattete Unterwasserkamera in die Tiefe des Brunnens, um sich ein erstes Bild von dessen Inhalt zu machen. Bei einem weiteren Tauchversuch mit einem Pressluftgerät konnte der Filter einer bereits zuvor entdeckten Gasmaske gefunden werden.

In einem seitlichen Mauerschacht wurde noch eine große Zahl von Glasphiolen entdeckt, manche davon zerbrochen, andere noch intakt und mit einer durchsichtigen Flüssigkeit gefüllt. Auf einer der Ampullen steht zu lesen: „Aqua redestillata pyrogen free ... Cox", es dürfte sich um ein Mittel zur Blutanalyse bei Mensch und Tier handeln. Auch eine noch ungeöffnete Medikamentenpackung der Arzneimittelfirma Bertalanffy befand sich im Mauerschacht. Die Firma war 1934 in Wien gegründet und 1945 nach Unterach am Attersee übersiedelt worden. Die Nachfrage bei der Wiener Apothekerkammer, ob es im Haus des Beatrixbades vielleicht eine Apotheke gegeben habe, lieferte ein negatives Resultat, die Herkunft der Chemikalien und Medikamente bleibt also vorerst rätselhaft.

Die Zuckerlfabrik Heller

Die spätere Archivforschung der Autorin führte zu einer völlig überraschenden Erklärung für einige der Funde, besondere für die Dampfkolbenpumpe. Die bekannte Heller-Süßwarenfabrik, gegründet 1891 von den beiden Brüdern Gustav (1857–1937) und Wilhelm Heller (1859–1931), war nämlich von der Münzgasse in den Gebäudekomplex des Beatrixbades übersiedelt worden. Der glasüberdachte und daher mit Tageslicht ausgestatte Innenhof, der im Bauplan als Kesselhaus ausgewiesen ist, könnte der Produktionsraum mit seinen Kochkesseln gewe-

Im wiederentdeckten Beatrixbad: Ein fluoreszierender Leuchtstreifen weist den Weg in den Luftschutzkeller, die Kellertreppe (Mitte) ist noch vollständig erhalten.

Noch immer intakt: das mit Marmorplatten ausgekleidete Bassin des Beatrixbads (unten). Erhalten gebliebene Hinweistafeln (Mitte) und Installationen erinnern an den Badebetrieb von einst.

sen sein. Um die vierzig Arbeiter rührten und mischten hier die Zutaten für die beliebten Wiener Zuckerln und füllten hier die Masse in Kessel. Die dazu nötige Energie bezog die Fabrik aus dem Beatrixbad. Für die damalige Zeit stellte das eine sensationelle technische Neuerung dar. Die Konkurrenz erzeugte solche Süßigkeiten damals noch über offenem Feuer, während Heller sie mit Hilfe von Vakuumapparaten herstellte und mit dieser fortschrittlichen Produktionsmethode großen Erfolg hatte. Seine „Zuckerwarenfabrik mit Dampfbetrieb" belieferte bald die gesamte Monarchie und exportierte das Zuckerwerk selbst nach Übersee. 1899, schon acht Jahre nach der Gründung, übersiedelte das inzwischen stark gewachsene Unternehmen nach Wien-Favoriten. Gustav Heller selbst wurde zum k. u. k. Hoflieferanten und später sogar zum Kammerlieferanten des Kaisers ernannt. Das Rätsel um die Dampfkolbenpumpe scheint somit gelöst. Ob es sich dabei aber tatsächlich um jene erste Apparatur handelt, die Heller berühmt machte, werden weitere Nachforschungen zeigen.

DER EISERNE GANG

3., Erdbergstrasse 10

Vor einigen Jahren sollte in der Erdbergstraße 8 in Wien-Landstraße ein Neubau mit einer Tiefgarage errichtet werden, wobei es zu einem Zwischenfall mit Folgen kam. Beim Bau der Tiefgarage durchstieß die Baggerschaufel das zweite Kellergeschoß des nebenan befindlichen Hauses Nummer 10, ein Teil von dessen Gewölbe stürzte ein. Der Schaden musste behoben, das Gewölbe erneuert und eine Stützwand errichtet werden. Im Zuge dieser Arbeiten entdeckte man hinter dem Keller einen äußerst merkwürdigen, mit Eisenplatten ausgekleideten, unterirdischen Gang. Nach Aussage des damaligen Mieters des Kellergeschoßes soll der Gang hundert Meter lang gewesen und von ihm auch begangen worden sein. Man ging der Sache damals aber nicht weiter nach.

Als aber 2007 die Werkstätten und Lagerhallen des Gebäudekomplexes Erdbergstraße 10 zum Unternehmerzentrum „Rochuspark" umgebaut wurden, entdeckte der neue Mieter des zweiten Kellergeschoßes, ein Klanginstallationskünstler, zu seinem Erstaunen diesen eigenartigen Gang wieder und berichtet, dieser sei 15 Meter lang und mit einer Eisentüre verschlossen gewesen. Er vermauerte den Zugang, um einen hermetischen Klangraum für sein Studio zu schaffen. Damit geriet der Fund nochmals in Vergessenheit.

Im Sommer 2010 hörte Dr. Gerhard Hertenberger, Mitglied der schon erwähnten Arbeitsgruppe „Verborgene Räume", von diesem sonderbaren Gang. Mit Zustimmung der Hausinhaber des Unternehmerzen-

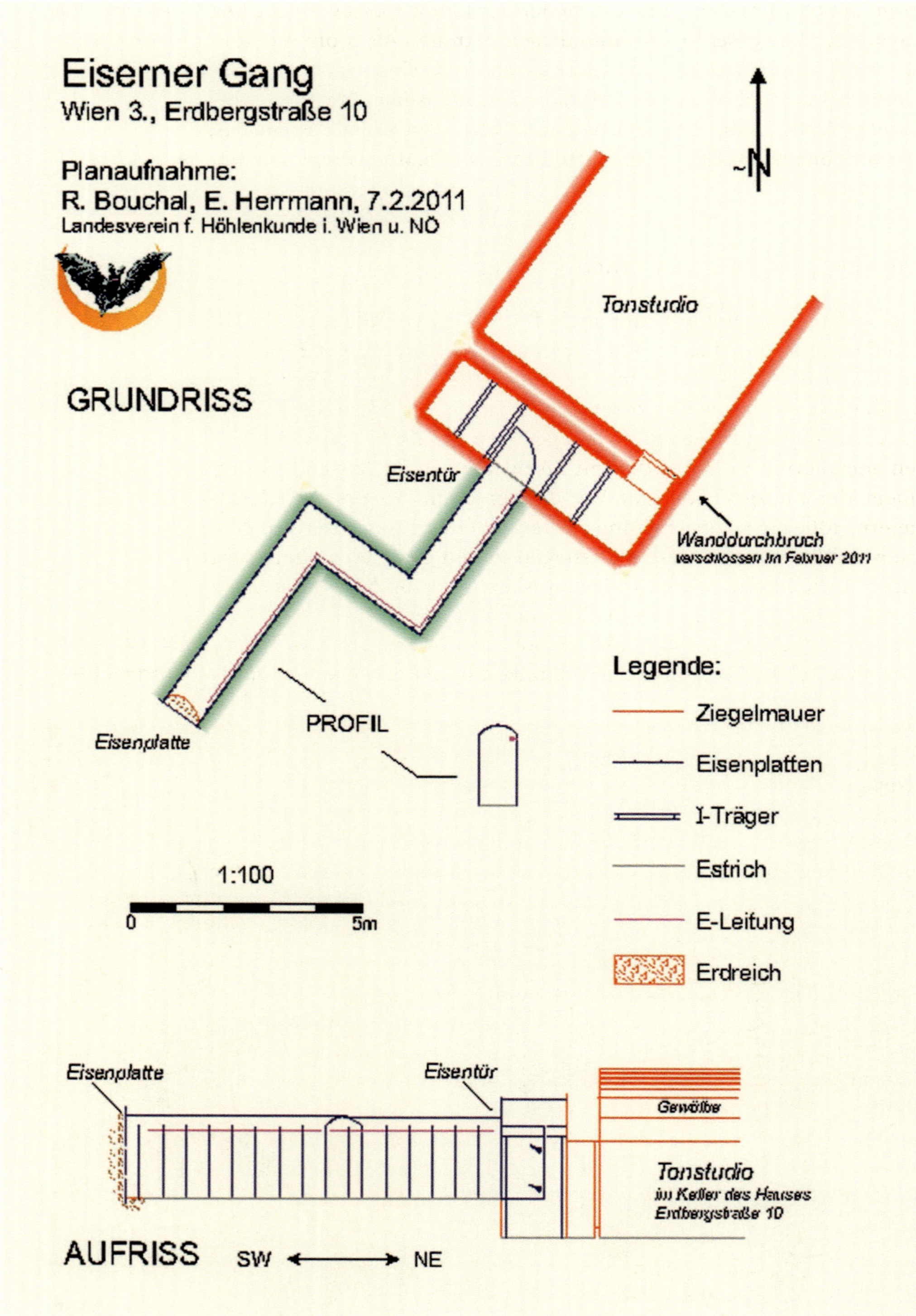
Eiserner Gang
Wien 3., Erdbergstraße 10
Planaufnahme:
R. Bouchal, E. Herrmann, 7.2.2011
Landesverein f. Höhlenkunde i. Wien u. NÖ
~N
Tonstudio
GRUNDRISS
Eisentür
Wanddurchbruch
verschlossen im Februar 2011
Legende:
Ziegelmauer
Eisenplatten
I-Träger
Estrich
E-Leitung
Erdreich
PROFIL
Eisenplatte
1:100
0
5m
Eisenplatte
Eisentür
Gewölbe
Tonstudio
im Keller des Hauses
Erdbergstraße 10
AUFRISS
SW
NE

trums „Rochuspark“ durften Mitglieder der Gruppe den vermauerten Zugang für kurze Zeit öffnen und diesen betreten. Als profunde Kenner der Wiener Unterwelt erkannten sie sofort die Einzigartigkeit dieser höchst merkwürdigen und bis dato der Öffentlichkeit völlig unbekannten Konstruktion. Im Februar 2011 erhielten wir die Erlaubnis, den vermauerten Gang abermals zu öffnen und erstmals zu dokumentieren.

Linke Seite: Plan des Eisernen Ganges.

Die Begehung des „Eisernen Ganges“

Wir betraten das zweite Untergeschoß des Hauses Erdbergstraße 10 und durchquerten eine ca. 30 Meter lange, zehn Meter breite und gut vier Meter hohe Kellerhalle mit Ziegelgewölbe. Am Ende dieser Halle standen wir vor dem verschlossenen Kellergang. Nachdem wir den vermauerten Zugang freigelegt hatten, betraten wir einen fünf Meter langen gemauerten Vorraum, der mit Eisentraversen im Abstand von ca. einem Meter ausgekleidet war. Von diesem Raum zweigte in 80 Zentimetern Höhe ein schmaler Gang ab, der mit einer Eisentüre verschlossen war. Wir öffneten diese und stiegen in den Gang ein. Überrascht blickten wir in den merkwürdigsten, skurrilsten und rätselhaftesten Gang, den wir je gesehen hatten. Er ist vollständig mit Eisenstützen und -platten ausgekleidet, von goldfarbenem Rost überzogen, von Baumwurzeln durchwachsen und vor Feuchtigkeit triefend. Die Raumtempe-

Der Einstieg zum rätselhaften „Eisernen Gang“.

ratur betrug verblüffende 19 Grad, die extrem hohe Luftfeuchtigkeit 98 Prozent. Ein mit Stoff ummanteltes Elektrokabel außer Funktion war an den Wänden befestigt.
In gebückter Haltung und mit starken Lampen ausgerüstet ging es durch diesen eigenartigen, nur 80 Zentimeter breiten und 1,6 Meter hohen metallenen Gang weiter. Nach ca. 3,5 Metern führte er exakt nach rechts und nach abermals ca. 3,5 Metern wieder exakt im rechten Winkel in die ursprüngliche Richtung, ungefähr fünf Meter weit. Die vollständige Auskleidung des Ganges mit Eisenplatten ist äußert ungewöhnlich, die perfekt gewölbten Deckplatten und Eisensteher, welche Wand und Decke stützen, stellen eine Meisterleistung eines Schlossers oder Schmiedes dar, es sind weder Mauer noch Erdreich zu sehen. Am Ende schließt eine Eisentüre von der gleichen Beschaffenheit wie die Wände den Gang ab. Selbstverständlich interessierten sich die Mitglieder der Arbeitsgruppe für den Bereich dahinter. Sie schnitten daher zwei jeweils handflächengroße Löcher in die Eisenplatte. Dahinter kam loses Erdreich zum Vorschein. Dann versuchten sie, die Eisentüre zu unterhöhlen, fanden aber auch dort nur loses Erdreich, keinen gewachsenen Boden, sondern nur Sand. Es scheint, dass der zuvor längere Gang mit der Eisentüre verschlossen und mit Sand aufgefüllt worden war. Es gab keine Möglichkeit, hinter die Türe zu blicken, noch sie zu öffnen. Vermutlich war der Gang im Zuge des U-Bahnbaus oder des Tiefgaragenbaues im Nebenhaus gekappt und zugeschüttet worden. Die Berichte über einen einhundert Meter langen Gang können somit nicht mehr überprüft werden.
Der Zweck dieses mysteriösen „Eisernen Ganges" bleibt dunkel, er ist heute verschlossen und kann nicht mehr besichtigt werden. Über seinen Bau, seinen Zweck und sein Alter konnte in Archiven und Chroniken nicht das Geringste herausgefunden, es kann darüber nur spekuliert werden. Weder dem Leiter des Bezirksmuseums Landstraße Professor Hauer noch dem Weltkriegshistoriker Dr. La Speranza war dieser Gang bekannt. Bei einer Besichtigung identifizierte Letzterer die Kellertüren als Luftschutztüren und die Türe des Eisernen Ganges als Luftschutzblende aus dem Zweiten Weltkrieg. Er vertritt die Meinung, der Eiserne Gang stamme aus der Kriegszeit und habe wohl zur Aufbewahrung besonders heikler Fracht oder Gegenstände gedient. Dafür sprächen die ungewöhnliche Metallauskleidung, ferner die rechtwinkelige Art der Anlage, wie sie üblicherweise zum Zweck des Brechens von Druckwellen angewandt wurde, und auch die Luftschutzblende zum Verschließen des Hohlraums. Dass dieser Gang ein Fluchtgang zu einem Ausstieg aus dem Luftschutzkeller gewesen sein könnte, schließt der Fachhistoriker auf Grund der geringen Höhe und der Enge des Ganges, weswegen es wohl zu Panik gekommen wäre, aus. Außerdem gibt es keine vergleichbare Konstruktion aus jener Zeit in Wien, ganz im Gegenteil sind alle Luftschutzkeller und unterirdischen Durchgän-

Linke Seite: Vollständig mit Eisenplatten ausgekleidet: Der Oberflächenrost verleiht dem „Eisernen Gang" seine charakteristische Rotfärbung.

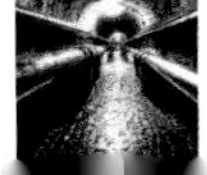

ge aus Mauerwerk beschaffen, einige davon sind noch heute als „Mauerdurchbruch“ gekennzeichnet. Vielleicht gab es also noch eine andere Erklärung für den geheimnisvollen Gang.

Linke Seite:
Ein massives Riegeltor verschließt den Zugang zum „Eisernen Gang“.

„Geheimnisträger“ Schlosserei Rotter

Die Nachforschungen der Autorin ergaben, dass der Keller und die darüber befindliche Halle ab dem Jahr 1902 zu einer Schlosserei gehörten. Hauseigentümer waren damals laut Grundbuch Heinrich (geb. 1893) und Marie Rotter, über deren Gewerbeberechtigung die Wiener Schlosserinnung genaue Aufzeichnungen besitzt. Sie konnten mit Ausnahme der Kriegsjahre 1942 bis 1945 verfolgt werden: Der Schlossereibetrieb Heinrich Rotter bestand demnach an dieser Adresse 57 Jahre lang, von 1917 bis 1974. Im Jahre 1956 verzeichnet das Herold Adressbuch einen Eintrag der Schlosserei sogar auf Erdbergstraße Nummer 10–14, es muss sich demnach um einen großen und alt eingesessenen Betrieb gehandelt haben. Nach seiner Umwandlung in eine Gesellschaft und deren Übersiedlung nach Wien-Liesing erfolgte übrigens der Niedergang des Unternehmens, das 1979 in den Ausgleich ging.
Überlegungen drängten sich auf, ob der Gang von der Schlosserei stammen, ob er vielleicht von einem Schlossermeister als Schaustück seines Könnens angefertigt worden sein oder ob vielleicht giftige Lacke, Kleber oder andere Substanzen dort gelagert worden sein könnten. Rätselhaft blieben jedoch die geringe Höhe und Breite, die Zick-Zack-Führung des Ganges und der Verschluss mit einer Luftschutztüre aus dem Zweiten Weltkrieg.
Noch rätselhafter aber war das Fehlen des Adresseintrags der Schlosserei im Gewerbeverzeichnis während der Kriegsjahre. Ab 1941 ist zwar ein Wohnungseintrag für Heinrich Rotter auf Erdbergstraße 10 vorhanden, nicht aber im Branchenverzeichnis. Ab 1942 fehlen die Adressbücher kriegsbedingt, sie erschienen erst wieder 1946. Von da an findet sich die Schlosserei wieder an der alten Adresse eingetragen. Die fehlenden Jahre sind aber vermutlich der Schlüssel zur Existenz des Ganges. Vielleicht handelte es sich tatsächlich um ein Wehrmachts- oder Industriegeheimnis, die Schlosserei wäre somit Geheimnisträger des Dritten Reiches gewesen und deshalb aus den Verzeichnissen gelöscht worden (was durchaus üblich war).
Dazu würde die Erzählung eines der Vormieter des Kellers passen, nach der die Hallen und Keller während des Krieges als Produktionsstätten für Flugzeugteile der Firma Messerschmitt verwendet worden seien. Der Eiserne Gang sei Teil dieser geheimen Anlage gewesen und könnte vielleicht bis zum FLAK-Turm im Arenberg-Park geführt haben. Aber obwohl die Richtung des Ganges tatsächlich nach Südwest zeigt, beträgt die

Seite 132/133: Weicher Sandboden für die Pferde: in den unterirdischen Gewölben des Arsenals.

Entfernung dorthin doch 150 Meter Luftlinie. Die Herstellung eines solchen Fluchtganges unter den Straßen und Häusern hinweg wäre zwar nicht unmöglich gewesen, der Zweck seiner Auskleidung mit Metallplatten wird dadurch jedoch noch immer nicht erklärt. Bei den Maßen des Ganges ist es auch äußerst unwahrscheinlich, dass Flugzeugteile hindurch befördert wurden, dies hätte kaum unbemerkt im dicht verbauten städtischen Gebiet erfolgen können. Produktionshallen technischer Art errichtete man deshalb üblicherweise am Stadtrand.

Verbindungsgänge unter Klöstern

Eine andere Erklärung stellt die Historikerin Dr. Edith Hann, eine Mitarbeiterin des Bezirksmuseums Landstraße, zur Diskussion. Sie durchforstete die Archive nach Quellen zur Geschichte des Hauses und meint, dass der Eiserne Gang einst die beiden Klöster am Rochusplatz unterirdisch miteinander verbunden habe, und zwar das ehemalige Kloster an der Stelle des Eckhauses Erdbergstraße 6–8/Kundmanngasse 29, heute Petrusapotheke und Arzneimittelerzeugung Kutiak, und das noch heute bestehende Kloster neben der Rochuskirche. Gänge unter Wiener Klöstern sind zwar keine Seltenheit, die Art der Auskleidung dieses Ganges mit perfekt zugeschnittenen Metallplatten vom Boden bis zur gewölbten Decke ist jedoch durch diese Hypothese nicht erklärbar.
Was bleibt, ist die Kenntnis von der Existenz eines faszinierenden Metallganges unter den Häusern in Wien-Landstraße, dessen Alter, Sinn und Zweck einige Rätsel aufgibt, die bisher noch nicht zu lösen sind.

UNTER DEM ARSENAL

3., Arsenal Objekt 12

Das Arsenal wurde nach der Revolution von 1848 zu einem militärischen Zweck errichtet: Aufsässige Bürger sollten durch die riesige Kasernenanlage eingeschüchtert werden. An seinem Bau im Stil des romantischen Historismus arbeiteten berühmte Architekten mit, wie August Siccardsburg, Eduard van der Nüll, Theophil Hansen und Ludwig Förster. Der Komplex umfasst 72.000 Quadratmeter und besteht aus 31 Objekten. Der Personalhöchststand der Kaserne wurde im Ersten Weltkrieg mit 20.000 Mann erreicht. Nach dem Ende der Monarchie baute man die Soldatenquartiere zu Wohnungen um. Mehr als 2000 Menschen gehen heute dort aus und ein, in ihre Wohnungen, Büros, Forschungs- und Sozialeinrichtungen und zu ihrer Tätigkeit im

Als Kaserne gebaut, heute als Wohnhausanlage in Verwendung: das Arsenal.

Breite und geräumig angelegte Stiegenhäuser sollten die Bewegung vieler Soldaten zur gleichen Zeit ermöglichen.

Heeresgeschichtlichen Museum. Riesige Gewölbe und endlose Gänge, 4,5 Meter hoch und hunderte Meter lang, erstrecken sich noch heute unter der gesamten verbauten Fläche. In diesen unterirdischen Bereichen waren die Pferde der Soldaten untergebracht, es müssen Hunderte gewesen sein. Bis zum Jahr 2011 existierte zwar noch der Sandboden, die ehemaligen Pferdeboxen und -stände gab es aber nicht mehr, denn es waren dort längst Kellerabteile für die Bewohner eingerichtet worden. Das bis 2003 im Besitz der Republik Österreich stehende Arsenal hat nun private Eigentümer, die derzeit die Keller und Dachböden sanieren lassen. Das Arsenal mit seinen unterirdischen Gewölben, wo einst die Pferde auf weichem Sandboden standen, wird damit wohl für immer Geschichte sein.

V. Kapitel

Von Gumpendorf bis Alsergrund

DAS UNTERIRDISCHE BÜSTENDEPOT

6., LEHARGASSE 6–8

Das „Semperdepot“

Seite 136/137: Im unterirdischen Büstendepot im Atelierhaus der Akademie der bildenden Künste.

Das Atelierhaus der Akademie der bildenden Künste Wien, das „Semperdepot“, ist eine leider nur wenig beachtete Sehenswürdigkeit. Es wurde in den Jahren 1874 bis 1877 durch Gottfried Semper und Carl Hasenauer erbaut und diente der Hofoper und dem Hofburgtheater als Kulissen- und Dekorationsdepot. Seine 12 Meter hohen Hallen mit den offenen Galerien und gusseisernen Stützsäulen sind beeindruckend

Die Glyptothek: eine bunte Sammlung von Büsten und Statuen.

Wie im Stephansdom, aber aus Gips: Kaiser Friedrich III.

und in Wien einmalig. Das Gebäude stand jahrzehntelang leer und war 1990 bereits zum Abbruch freigegeben, als der damalige Rektor der Universität die rettende Idee zu dessen Revitalisierung hatte. Sie ist äußerst gelungen mit der beispielhaften Verbindung von alter und neuer Substanz. Heute ist das Depot eine der beliebtesten Firmen-Event Adressen der Bundeshauptstadt und wird für Großveranstaltungen gerne genutzt.
Hoch interessant ist der Inhalt seiner unterirdischen Kellergewölbe, denn dort ist die Glyptothek des Atelierhauses der Akademie der bildenden Künste untergebracht, eine Sammlung von 450 Büsten und Statuen aus Gips, die Generationen von Studenten zum Studium der Antike dienten. Hier befinden sich nicht nur Gipsabdrücke von alten

Gipskopien antiker Plastiken als Studienbehelfe für Studenten.

Skulpturen, darunter die „Nike von Samothrake“ und Michelangelos „Moses“, sondern auch einige Originalplastiken, die als Aufnahmestücke oder Geschenke an die Akademie kamen. Antike Plastiken gehörten früher zum Inventar eines jeden Adelspalais und einer jeden großbürgerlichen Wohnung, wie es dem Zeitgeist des Historismus entsprach. Als sich diese Mode änderte, wurden die nun wenig geschätzten, aber doch wertvollen Büsten und Statuen vielfach verschenkt, so auch an die Akademie. Weil sich aber auch dort die Geschmäcker und die Mode längst geändert haben, begeistern sich die jungen Künstler nicht mehr für die verstaubten Steine, weshalb diese seit Jahrzehnten im Keller liegen. Die Sammlung soll aber demnächst entstaubt und aufpoliert der Öffentlichkeit zugänglich gemacht werden. Derzeit ist sie nur gelegentlich bei Sonderführungen zu sehen.

DIE BRÜCKE IM KELLER

7., Ulrichsplatz 5

St. Ulrich wird urkundlich bereits 1202 als Zeismannsbrunn erwähnt, und schon 1314 war die Gegend um die damalige Ulrichskapelle dicht verbaut. Die günstige Lage am Ottakringerbach ermöglichte die Ansiedlung vieler Handwerksbetriebe. Sowohl 1529 als auch 1683 wurden die meisten Häuser vor und während der Kriegshändel bis auf die Grundmauern niedergebrannt, der Turm der Ulrichskirche selbst von Kara Mustafa als strategisch günstiger Aussichtsturm zweckentfremdet. Nachdem die Gefahr aus dem Osten vorbei war, entstanden die noch bestehenden barocken Bürgerhäuser rund um den Ulrichsplatz. Er

Die heute noch sichtbaren Reste einer Brücke im Keller des Hauses Ulrichsplatz 5.

Weit verzweigte Kellergänge unter den Häusern am St. Ulrichsplatz.

wurde wieder zum Zentrum eines blühenden Ortes und behielt seinen dörflichen Charakter bis heute. Kirche, Dorfbrunnen und Häuser verleihen ihm sein romantisches Flair, das er auch durch die Eingemeindung im Jahre 1850 nicht verlor.

Einen ganz besonderen Charme strahlt das Haus Ulrichsplatz 5 aus, in dem sich ein Gasthaus mit altem Dielenboden, gemütlicher Schank und kleinem Schanigarten befindet. Das Haus birgt aber noch eine Besonderheit: In seinem Keller befindet sich ein sonderbares Bauwerk, eine Brücke über einen ehemaligen Flusslauf. Neugierig geworden stiegen wir mit freundlicher Genehmigung des Restaurantbesitzers über eine Wendeltreppe hinunter und sahen tatsächlich eine mittelalterliche Steinbrücke: Ihre Pfeiler aus mächtigen Quadersteinen bilden die Wände des Kellers, ihr Bogen war zur Decke des Gewölbekellers umgestaltet worden. Wo sich eine Brücke befindet, erwartet man natürlich einen Fluss – von dem es dort aber keine Spur gibt.

Auf der Suche danach studierten wir alte Karten und suchten in anderen Kellern rund um den Ulrichsplatz nach Spuren, fanden aber nur die Existenz einer alten Wasserleitung bestätigt. Vermutlich handelt es sich um jene, die 1651 von St. Ulrich zur Hofburg gelegt worden war. Der Hof-Bauschreiber Peter Concorz bestätigte am 22. Dezember 1651, dass er vom Pfarrhof Sankt Ulrich aus Wasser in einer drei Zoll weiten Röhre aufgefangen, *in die Stadt in den großen Wasserkessel hinter der neuen Burg an der Bastei allda eingeführt und von da auf ewige Zeiten* und durch

Die Häuser der Vorstadt St. Ulrich wurden vor Ankunft der Türken von den Verteidigern der Stadt niedergebrannt, die Keller blieben.

eine einen Zoll weite Röhre bis in das Schottenkloster geführt habe, zum ersten Mal auf kaiserliche Kosten.

Der verschwundene Ottakringerbach

Doch musste es einen inzwischen verschwundenen Bach hier gegeben haben, oder aber einen Bach, der seinen Verlauf inzwischen völlig geändert hatte. Den hatte es einst tatsächlich gegeben: Es handelt sich um den Ottakringerbach, der den Ortsteil St. Ulrich durchfloss und hier eine Insel bildete. Auf dieser stand das Schloss Neudegg, beiderseits vom Bach umspült und erst 1852 vollständig abgerissen, die Bezeichnungen Neudeggergasse und Neudeggerhof (Neustiftgasse 16) erinnern noch daran. Das Bachbett verlief eben dort, wo die Brücke im Keller steht, die beweist, wie tief er sich eingegraben hatte. Als er umgeleitet wurde, hatte die Brücke ihren Zweck verloren und wurde einfach überbaut. Das Flussbett wurde überdacht und zum Keller des Hauses umfunktioniert.

Die Als im fremden Bett

Die Wiener Bäche wurden im Laufe der Geschichte immer wieder umgeleitet, der Ottakringerbach ist nur ein Beispiel dafür. Zur Römerzeit floss er durch die Innenstadt und schützte das Römerlager im Verlauf Strauchgasse–Tiefer Graben, wo sich auch die römische Stadtmauer befand. Der einst kräftige Fluss, den die Hohe Brücke überspannte, mündete bis 1236 etwa beim Concordiaplatz in die Donau. Er war jedoch dem Bau des Minoritenklosters hinderlich, also ließ ihn der Babenberger-Herzog Leopold VI. (1176–1230) in den Wienfluss ableiten. Da aber den Ledermachern und Färbern, die entlang des heutigen Tiefen Grabens arbeiteten und die auf das Flusswasser angewiesen waren, dieses nun fehlte, leitete man den Alserbach am Schottenkloster vorbei durch die Herrengasse in das ehemalige Bett des Ottakringerbaches um. An der Fassade des Eckhauses Strauchgasse/Heidenschuss erinnert eine Gedenktafel daran: *Bis zum J. 1456 floß durch diese Gasse und durch den tiefen Graben der Alsbach der Donau zu.* Als die Stadtbefestigung um Wien verstärkt wurde, leitete man auch die Als in den Wienfluss um. So manche Brücke über alte Bäche mag sich daher noch in tiefen Kellern befinden, und so manche Statue des Brückenheiligen Nepomuk mag noch in versteckten Hausfluren stehen.

DIE OSMANISCHEN MINENTUNNEL

Der Minenkrieg war eine Kampftaktik zur Belagerung von Festungen. Dabei trieben die Angreifer unterirdische Stollen bis unter die Befestigungsanlagen des Gegners, es wurde unterminiert. Dann wurden die abstützenden Holzbalken entweder in Brand gesetzt oder an Seilen herausgezogen, wodurch die Stollen einbrachen und die darüber liegenden Mauern einstürzten. Die gemauerten Minengänge verliefen niemals geradlinig, das System sah zahlreiche Abzweigungen vor, schon

Erinnerung an den Minenkrieg von 1683: türkischer Reiter am Heidenschuss.

Eine alte Wiener Sage erzählt von türkischen Minengängen unter dem Heidenschuss 9.

um die eigenen Soldaten vor dem Explosionsdruck zu schützen. Nachdem das Schwarzpulver erfunden worden war, brachte man nämlich bis zu hundert Tonnen in die Minen ein und unter den gegnerischen Stellungen zur Explosion. Zur Verteidigung wurden Gegenminen angelegt, der Krieg erstreckte sich also in den Untergrund: Während der Ersten Türkenbelagerung 1529 trieben die Osmanen ihre Minengänge bis unter die Hofburg vor, deren Sprengung erst in letzter Minute vereitelt werden konnte. Eine Wiener Sage berichtet von einem aufmerksamen Bäckergesellen, der im Keller der Bäckerei am Heidenschuß 3 das Grabungsgeräusch, das die Osmanischen Mineure verursachten, wahrnahm und Wien durch seinen rechtzeitigen Alarm retten konnte. Die Verteidiger konnten den Feind durch den Vortrieb einer Gegenmine überraschen und die Gefahrenquelle durch eine Gegensprengung ausschalten.

Der Laufgräben- und Minenplan

Im Jahre 1683 zog der türkische Großwesir Kara Mustafa (1634–1683) mit 168.000 Soldaten, darunter 5.000 Mineure, gegen Wien, um den „goldenen Apfel“, wie die Osmanen die Stadt nannten, zu erobern. Sein Befehlsstand wurde auf dem Ulrichsberg aufgeschlagen, vom Turm der Ulrichskirche aus konnte er den Verlauf der Schlacht gut verfolgen. Er verließ sich dabei nicht auf seine Artillerie, nur fünf Mörser und 112 Kanonen leichten Kalibers wurden auf dem Spittelberg in Stellung gebracht, um die Burg zu beschießen. Denn wie der Militärhistoriker und Direktor des Heeresgeschichtlichen Museums Dr. Christian Ortner ausführt, galt *Wien als eine der modernsten Festungen Europas, und dementsprechend musste auch ein anderes Kampfmittel zum Einsatz kommen. Die Osmanen galten im 17. Jahrhundert als die Fachleute, was den unterirdischen Minenkrieg betraf, und sie setzten dieses Kampfmittel auch vor Wien erfolgreich ein.*

Daher ließ Kara Mustafa in den Ulrichsberg und den Spittelberg, dann unter der Stadtmauer hindurch bis zur Hofburg Laufgräben und Minentunnel graben, wie in alten Chroniken berichtet wird. Auf einem Kupferstich des kaiserlichen Hauptmanns und Ingenieurs Daniel Suttinger aus dem Jahr 1683 sind die osmanischen Laufgräben und unterirdischen Minentunnel in ihrer letzten Ausbauphase eingezeichnet, und zwar im Gebiet zwischen der Burgbastei und dem Befehlsstand Kara Mustafas auf dem Ulrichsberg. Das gesamte unterminierte Gebiet zwischen dem heutigen Kunsthistorischen Museum bis zum Rathaus und stadtauswärts bis zum Spittelberg und Ulrichsberg ist detailgetreu dargestellt. Man erkennt auch sehr gut, dass der gesamte Bereich der Löbel- und Burgbastei unterminiert war. Natürlich wurden auch von den Verteidigern Gegentunnel bis zum Spittelberg und zum osmanischen Befehlsstand auf dem Ulrichsberg angelegt. Genau dort finden sich die bis zum heutigen Tag erhaltenen Reste solcher Türkengänge, die für Bauvorhaben manchmal zum Problem werden.

Minen als Bauhindernisse

Der österreichische Geologe Eduard Suess (1831–1914), der sich um Wiens Wasserversorgung verdient machte und dessen Denkmal daher neben dem Hochstrahlbrunnen steht, berichtet 1862 in „Der Boden der Stadt Wien nach seiner Bildungsweise“ von den Minengängen: *Die ausgedehntesten Minengänge aber sind wohl jene, welche nach diesen großen*

Abgang in die Tiefe: Minengänge liegen nicht selten zwölf Meter unter dem Straßenniveau.

Verborgenes Netzwerk: ausgemauerte Gänge in der Weihburggasse.

Belagerungen unter einem Theile des Glacis angelegt wurden, und die man in vielen Bauten vor dem Kärnthnerthore angetroffen hat. Diese Minen, welche z. B. in den Verhandlungen der Commune mit der nied. österr. Regierung im J. 1781 wegen Bepflanzung des Glacis mit Bäumen häufig erwähnt werden, sind ausgemauerte Gänge, 3‘ breit, $4\,^{1}/_{11}$‘ hoch, welche in einer Tiefe, die an manchen Stellen 6 Klafter beträgt, rechtwinklig sich schneidend, ein förmliches Netz unter einem grossen Theile des Bodens links sowie rechts vor dem Kärnthnerthore bildeten und namentlich jenseits der Ringstrasse, in der Richtung gegen das polytechnische Institut, in grosser Menge angetroffen wurden. Er spricht hier von ausgemauerten Gängen, die einen Meter breit und 1,60 Meter hoch sind und einander in einer Tiefe von 11,5 Metern rechtwinkelig schneiden. Sie bilden ein Netzwerk, das sich unter der Erde vom ehemaligen Kärntnertor bis zur technischen Universität am Karlsplatz erstreckt. Als das Polytechnikum (heute Technische Universität) 1872 gebaut werden sollte, dauerte es ein ganzes Jahr, um ein ausreichendes Fundament zu schaffen, denn der Untergrund war völlig durchschnitten und musste erst aufgefüllt werden.

Minengänge liegen mindestens fünf Meter unter dem heutigen Straßenniveau, manche sogar in der erstaunlichen Tiefe von 12 Metern, wie archäologische Grabungen immer wieder beweisen. Sie mussten so tief angelegt werden, um nicht entdeckt zu werden, nämlich unter den Kellern. Diese reichen bekanntlich drei bis vier Stockwerke in die Tiefe. Weil die Tunnel so tief liegen, brechen die Straßen darüber normalerweise nicht ein, manchmal kommt es aber zu Kellereinbrüchen. So fand man in der Weihburggasse im Jahr 2005 unter einem abgerissenen Wohnhaus türkische Minengänge.

MINENGÄNGE UNTER DEM SPITTELBERG

7., Burggasse 19 · „Zum Schwarzen Mohren“

Deutlich höher als die Wiener Altstadt liegt ihr gegenüber eines ihrer idyllischsten Stadtviertel, der „Spittelberg“, benannt nach dem Bürgerspital, das hier ab 1525 Äcker und Weingärten besaß. Er wurde im 17. Jahrhundert in sehr kleine Grundstücke parzelliert, wie noch heute an den engen Gassen zu sehen ist, und mit Mietshäusern in Barock- und Biedermeierstil verbaut. Diese sind heute vorbildlich restauriert, die Gassen wurden zu Fußgängerzonen umgewidmet. Weihnachts-, Oster- und Jahrmärkte beleben das idyllische „Grätzl“. Gasthäuser mit romantischen Schanigärten und urwüchsige Kneipen bewahren das Flair vergangener Zeiten.

Der Tunnel zur Hofburg

Einer der osmanischen Minengänge soll auf dem Spittelberg noch heute existieren. Hartnäckig hält sich das Gerücht, Kaiser Joseph II. sei durch diesen Tunnel von der Hofburg zum Spittelberg gelangt, wenn er sich inkognito unters Volk begab. Der Spittelberg war zu der Zeit als Rotlichtmilieu und üble Gegend voller Spelunken berüchtigt. Über des Kaisers Besuche in den einschlägigen Etablissements und die Weigerung, für seinen „Konsum“ auch zu bezahlen, berichtet noch eine

Der Abstieg zum türkischen Minengang in der Burggasse 19.

Zugemauert! Führen von hier weitere Wege in die Innere Stadt?

Inschrift im Torbogen des Restaurants „Witwe Bolte“: *Durch dieses Tor im Bogen ist Kaiser Joseph II. geflogen. Im Jahr 1778*. Wir machten uns nun daran, diesen Tunnel, den der Kaiser für seine heimlichen Ausflüge benützte, zu finden.

Und tatsächlich, es gibt den Tunnel noch. Seine Spur führte in ein kleines Lokal in der Burggasse 19, ins Gasthaus „Zum Schwarzen Mohren“. Die Fassade wird von der Figur eines Mohrenknaben mit Köcher und Schild geziert, da sich hier von 1749 bis 1983 die „Weiß-Schwarz-Feinbäckerei“ befand. Das Haus wurde vorbildlich restauriert und steht heute unter Denkmalschutz, im Innenhof sieht man noch alte Pawlatschen und Laubengänge, die Familie Neisser betreibt das Café-Restaurant. Hier trifft man noch die echten „Spittelberger“ als Stammgäste, die Bewohner der umliegenden Häuser, die viele Geschichten erzählen können und wollen. Hier trifft sich auch einmal wöchentlich die Heimatrunde, bestehend aus Historikern, Hobbyhistorikern und anderen Anwohnern, denen das kulturelle Erbe ihres Grätzls am Herzen liegt. Sie geben gerne Auskunft über die Geschichte des Hauses „Zum Schwarzen Mohren“, über die Herkunft des seltsamen Namens und über die legendären Minengänge unter dem Spittelberg.

Die Chefin des Hauses gab uns die Erlaubnis zur Erkundung der Tiefen. Über eine steinerne Wendeltreppe ging es zwei Stockwerke hinunter in die Gewölbekeller. Hohe Räume, teilweise aus Ziegel-, teilweise aus Bruchsteinmauern führen dort zu einem Verbindungsgang in Richtung Stadtzentrum. Das war er offenbar, der gesuchte ehemalige

Minenstollen der Türken, ein schmaler Gang von nur 160 Zentimetern Höhe, ausgekleidet mit Ziegeln, und leider nur mehr einige Meter weit begehbar. Vor der letzten Renovierung im Jahr 1989 soll man in ihm jedoch noch bis zur Hofburg gelangt sein, versicherte einer der Stammgäste. Heute werden die Keller vom Restaurant und den Hausbewohnern als Lagerräume verwendet. Dass sich ausgerechnet dieser Gang aus der Vielzahl der türkischen Minengänge erhalten hat, mag aber wohl doch nicht daran liegen, dass ein Kaiser ihn für seine Ausflüge zum Volk durchschritt, sondern eher daran, dass durch ihn hindurch Geheimkuriere und -spione des Regimes völlig unbemerkt von der Vorstadt bis zu den Amtsräumen in der Hofburg und weiter bis zum Kanzleramt gelangen konnten. Im Zweiten Weltkrieg nutzte man auch diese Keller als Luftschutzräume und öffnete die Verbindungsgänge ein letztes Mal, bis sie in den 1980er-Jahren nutzlos geworden waren und daher zugemauert wurden. Vergessen hat man sie aber nicht, sie leben noch weiter in der Erinnerung der Bewohner des Spittelbergs und in den Geschichten, die man sich dort erzählt.

DIE UNTERIRDISCHE JOSEFSTADT

Die Josefstadt ist nach der Inneren Stadt der zweitkleinste und einer der jüngsten Bezirke Wiens. Seine Hauptverkehrsader, die Josefstädter Straße, diente bereits zur Römerzeit als Ausfallstraße, eine antike Siedlung ist dort aber nicht nachweisbar. Auch aus dem Mittelalter gibt es wenig Funde, das Gelände bestand aus Äckern, Weingärten, Wiesen und den dazugehörigen Bauernhäusern, die den Türkenkriegen zum Opfer fielen. Nach dem Ende der Gefahr blühte die Gegend auf, Handwerker und Bürger errichteten ihre schönen barocken Häuser auf den alten Grundmauern. Das älteste Haus des Bezirks, die „Alte Backstube" in der Langen Gasse 34, stammt aus dem Jahr 1697, nur wenig jünger sind die ehemaligen Winzerhäuser in der Lenaugasse. Als eigentliche „Geburtsurkunde" des Bezirks kann man die Übertragung der Gründe des Grafen Malaspina an die Gemeinde Wien am 17. April 1700 bezeichnen, seinen Namen „Josefstadt" erhielt er nach dem damaligen Kronprinzen und späteren Kaiser Joseph I. (1678–1711).

Die Keller der Lenaugasse

Die Häuser auf der linken Seite der Lenaugasse bildeten um 1683 die erste Häuserzeile vor der Stadtmauer. Unter ihnen befinden sich noch heute ausgedehnte Kelleranlagen und Verbindungsgänge zu den jeweiligen Nachbarhäusern, die man auf die osmanischen Minengänge zurückführt. Auch hier erzählen die Bewohner gerne von ihren Türkengängen, die einst bis ins Stadtzentrum, ja sogar bis zum Stephansdom geführt hätten. Als wir dem Wahrheitsgehalt dieser Berichte in Archiven und dann in den Kellern der Josefstadt nachgingen, übertrafen die Ergebnisse der Suche alle unsere Erwartungen.

Blauensteiners Geheimgang

8., Lenaugasse 1: Gasthaus Blauensteiner · Im Archiv des Bezirksmuseums Josefstadt befindet sich ein aufschlussreiches Zeitdokument, welches die Autorin dank der Museumsleiterin einsehen konnte. Es handelt sich dabei um einen handschriftlichen Brief des im Jahr 1998 verstorbenen Gastwirtes Franz Blauensteiner Senior, den er für das Museum verfasst hatte. Darin berichtet er über die unterirdischen Geheimgänge unter seiner Gastwirtschaft in der Lenaugasse 1: *Von meinem Weinkeller aus führt ein unterirdischer Geheimgang über 1a zu Haus Nr. 3, von dort aus führte der Gang unter den alten Stadtbefestigungen zur Stephanskirche, der Kellner Leopold Bucher flüchtete im Jahre 1945 durch diesen Gang und rettete sich dadurch vor einem Bombenangriff, heute ist dieser Geheimgang durch den Bau der U Bahn unterbrochen … Die beiden traditionsreichen Gebäude* (Anm. der Autorin: Lenaugasse 1 und 1a) *blieben während der Kriegswirren verschont … Der Geheimgang führt über Haus 7 u. 9 (dazumal Kloster) bis zum Piaristenplatz. Im Hof des Hauses Nr. 3 erinnert ein Türken-*

Stimmungsvolle Kellerräume unter dem alten Gasthaus in der Josefstadt.

Eine Augenweide im Zeitalter der PET-Flaschen.

kopf an des schicksalsschwere Jahr 1683". Unterzeichnet Franz Blauensteiner. Leider fehlt das Datum. Der Brief muss zwischen dem erwähnten U-Bahnbau in den1970er-Jahren und Blauensteiners Ableben am 10. Jänner 1998 verfasst worden sein.

Blauensteiner beschreibt hier den Verlauf eines unterirdischen Ganges unter seiner Gastwirtschaft und weiter unter den Häusern der Lenaugasse, er bezeichnet ihn als „Geheimgang" und er nennt sogar

Sammelsurium im Keller des Gasthauses Blauensteiner.

den Namen eines Kellners, der im Jahr 1945 durch den Gang vor den Bombenangriffen fliehen konnte. Damals waren die Keller und Gänge unter der Josefstadt offenbar noch allgemein bekannt und auch begehbar, entweder noch komplett erhalten aus alter Zeit oder doch im Zweiten Weltkrieg als Luftschutzkeller und Fluchtstollen wieder durchgängig gemacht.
Franz Blauensteiner Junior, der jetzige, allseits bekannte und beliebte Gastwirt, öffnete bereitwillig seinen Weinkeller, damit wir dem Bericht vor Ort nachgehen konnten. Tatsächlich gibt es mehrere Kellerräume, die einst als Weinlager benutzt wurden. Die alten Weinfässer liegen heute im Dornröschenschlaf, der Zahn der Zeit nagt an den Geräten. Auch Reste der ehemaligen Fleischselcherei sind noch im Keller und im Innenhof des Hauses vorhanden, sie wird schon seit Jahrzehnten nicht mehr gebraucht. Die Durchgänge zum Nachbarhaus 1a, das mit Nummer 1 früher eine zusammenhängende Liegenschaft bildete, sind noch vorhanden, sie wurden aber bei der Trennung der Häuser verschlossen. Der Geheimgang, den die Türken gruben und durch den der im Brief erwähnte Kellner den Bombenangriffen entkam, existiert auch noch, er ist aber zugemauert und kann daher leider nicht mehr betreten werden. Ob Blauensteiner Senior ihm jemals bis zum Piaristenplatz folgte, wird man auch nicht mehr erfahren.
Franz Blauensteiner Junior war aber nun neugierig geworden zu erfahren, ob der Geheimgang unter den Nachbarhäusern noch bestünde und schloss sich den Nachforschungen an. Durch seine einnehmende Freundlichkeit öffneten sich die Türen zu den Häusern und die Lippen der Anwohner der Lenaugasse.

Das Haus „Zum weißen Stern“ mit dem Türkenkopf

8., Lenaugasse 3 · Das barocke Bürgerhaus Nummer 3 „Zum weißen Stern“, benannt nach dem Stern über dem Eingangstor, ist mit seiner reich verzierten Fassade, mit seinen Erkern, Gesichtern und maskenartigen Ornamenten das schönste Haus in der Gasse. Es wurde 1711 von Donato Felice d'Allio (1677–1761) erbaut, einem Barockbaumeister aus der berühmten italienischen Architektenfamilie vom Comer See. Er arbeitete am Bau der Piaristenkirche mit, errichtete Kirche und Kloster der Salesianerinnen am Rennweg und beteiligte sich am barocken Ausbau von Stift Klosterneuburg. Sein eigenes Haus, das er bis zu seinem Tod bewohnen sollte, errichtete er in der Josefstadt, gleich neben dem Haus Lenaugasse 5 seines Kollegen und Schwiegervaters Sebastian Carlone, dessen Familie ebenfalls vom Comer See stammte. D'Allios Haus entstand aus einem älteren Gebäude, worauf die mehrere Stockwerke tiefen, mittelalterlichen Keller schließen lassen. Ein Hausbrunnen und eine Renaissancefigur, die noch von D'Allio stammen soll, bil-

Der Türkenkopf über dem Eingang des Hauses „Zum weißen Stern“, Lenaugasse 3.

den heute die letzten Erinnerungen an den Originalzustand des denkmalgeschützten Gebäudes. Seit 1984 befindet sich hier der Sitz eines Mitglieds des Österreichischen Cartellverbands, der Katholischen Österreichischen Studentenverbindung Rudolfina (bekannt durch die alljährliche Rudolfina-Redoute in der Hofburg), welcher das Kellergewölbe als Versammlungsraum dient. Von einem dieser Keller aus soll ebenfalls ein Gang unter der Stadtmauer bis zur Hofburg geführt haben.

Der Türkenkopf und der unterirdische Gang

Der Keilstein der Hauseinfahrt ist erstaunlicherweise mit dem Relief eines Türkenkopfes verziert, es handelt sich eindeutig um einen Osmanen mit typischer Kopfbedeckung und wilder, zotteliger Barttracht, der so gar nicht auf ein barockes Wohnhaus passen will. Die Legende will wissen, dass er genau in jene Richtung blicke, in welche der Minentunnel zur Hofburg geführt habe. Die Verteidiger hätten im letzten Moment deren Sprengung verhindert, indem sie die Gänge fluteten und so alle im Tunnel versteckten osmanischen Soldaten ersäuften.
Auf Einladung der Studentenvereinigung konnte der Gewölbekeller besichtigt werden. Er liegt parallel zur und zum Teil bereits unter der Lenaugasse und erstreckt sich unter der gesamten Breite des Hauses. Man sieht noch vermauerte Durchgänge zu den jeweiligen Nachbar-

Nº
3

Im Studentenkeller: Versammlungsraum der Rudolfina.

häusern, wie jenen zu dem Gang, der vom Gasthaus Blauensteiner über das Haus Nummer 1a bis zum Haus Nummer 11 führen soll. Den legendären Gang zur Hofburg gibt es ebenfalls, der Eingang befindet sich hinter der Schank des Studentenkellers. Man habe noch lange in Richtung Stadtzentrum durchgehen können, heißt es, dies sei allerdings seit dem Bau der U-Bahn nicht mehr möglich. Anlässlich der letzten Renovierung des Hauses im Jahr 1991 wurde der Gang vollends verschlossen, die alten Pläne liegen noch im bauführenden Architekturbüro auf.

Das Geheimnis der k. u. k. Kavallerie

8., Lenaugasse 9 · Die unterirdische Forschungsreise in der Lenaugasse ging weiter. Der 20 Meter tiefe Keller des Hauses Nummer 9 wurde vor etlichen Jahren dem Wiener Unterwelt-Experten Peter Ryborz zur Nutzung überlassen, welcher dort beliebte Unterwelt-Feste und Rätselrallyes veranstaltete. Heute werden sie als Verkaufsräume einer IT-Firma verwendet. Ryborz berichtete, das Kellerlabyrinth unter den Häusern Nummer 9 und 11 habe so gewaltige Ausmaße, dass man sich darin verirren könne. Diese geheimnisvolle Unterwelt ist in der Tat erstaunlich: 2.000 Quadratmeter ziegelgewölbte Hallen und Gänge erstrecken sich über drei Untergeschoße, die fast 100 Meter langen und 20 Meter breiten unterirdischen Räume haben eine Gewölbehöhe von fünf bis sechs Metern.

Linke Seite: Die Lenaugasse besitzt ein ganz besonderes Flair.

Hier hätten tatsächlich ganze Reisekutschen bequem durchfahren können, womit das Gerücht von der Existenz befahrbarer, unterirdischer Gänge neue Nahrung bekommt. Es erhebt sich allerdings die Frage, wohin, von wo und mit wem die Kutschen ausgerechnet unter der Lenaugasse gefahren sein sollen. Einer der Gänge führt zwar in Richtung Stadtzentrum, er ist aber nach einigen Metern mit einer Mauer verschlossen. Den Messungen nach steht diese unter der Landesgerichtsstraße, wo heute die U2 fährt, bei deren Bau der historische Gang unterbrochen wurde. Ein anderer Gang führt in die umgekehrte Richtung, er endet nach ungefähr hundert Metern ebenfalls mit einer Mauer. Die anfängliche Vermutung, man sei hier auf den legendären Verbindungsgang zwischen der Hofburg und dem Schloss Schönbrunn gestoßen, stimmt nicht, denn die Kompass-Peilung zeigte nicht in diese Richtung, sondern nach Nordwest. Der Gang könnte demnach im Zweiten Weltkrieg zum ehemaligen Luftschutzbunker im Schönborn-Park geführt haben, als Verbindung zwischen diesem und den Luftschutzkellern der Lenaugasse. Dafür spricht, dass es in vielen Kellern der angrenzenden Häuser noch Leuchtstreifen als Leitlinien gibt, die heute noch aktiv sind. Offenbar verwendete man aber einen bereits davor bestehenden Gang, was ein neues Rätsel aufgibt.
Peter Ryborz meint, dieses Rätsel gelöst zu haben. Auf einem Plan aus dem Jahr 1847 sieht man die 1772 bis 1777 erbaute ehemalige „k. u. k. Cavalleriekaserne“ in der Josefstadt, welche sich vom jetzigen Bezirkshaus des achten Bezirks bis zur Schönborngasse und zwischen der heutigen Josefstädter (früher Kaiser-) Straße und der Florianigasse erstreckte. Die Häuser der Lenaugasse befanden sich damals direkt vor dem Josefstädter Glacis, das sich zwischen der heutigen Auersperg- und Lenaugasse, der Ringstraße, der Universitätsstraße und dem Schmerlingplatz ausbreitete. Es wurde vom Militär von 1783 bis zur Errichtung des Neuen Wiener Rathauses als Exerzier- und Paradeplatz verwendet. Da aus militärischen Gründen keine Straße darüber führen durfte, trennte dieser die Josefstadt nach der 1857 erfolgten Schleifung der Basteien noch bis in die 1870er-Jahre von der Innenstadt. Wer von der Josefstadt hinein oder aus ihr heraus wollte, musste einen gewaltigen Umweg über das Burg- oder Schottentor machen. Das galt aber möglicherweise nicht für das Militär, meint Ryborz: *Aber vielleicht konnte sie* (die Innenstadt) *auf unterirdischem Weg erreicht werden? Zwar nicht für jedermann zu jeder Zeit, jedoch für das Militär in Krisenzeiten?* Dann hätte es unterirdische Verbindungsstraßen für die Soldaten der Kavalleriekaserne zu den Ministerien, der Staatskanzlei und der Hofburg geben können, meterhohe Tunnel, um mit Pferd und Wagen durchzufahren, angelegt unter Maria Theresia beim Kasernenbau. Über einen tatsächlich existierenden Tunnel mit U-Bahn-Geleise wurde schon im Kapitel über die Hofburg berichtet.
Die unterirdischen Hallen hätten aber auch Waffendepots oder Pferdeställe gewesen sein können, was noch zu überprüfen war. So gäbe es

für das Vorhandensein von Pferdeställen eine mögliche Erklärung: Aus der Josefstädter Ortschronik von Hans Rotter aus dem Jahre 1918 geht hervor, dass sich damals vor der Lenaugasse 11 in Richtung Glacis eine „Saliterei" befunden hatte, also eine Anlage zur Herstellung von Schießpulver mit Hilfe von Salpeter. Diesen Grundstoff besorgte man sich unter anderem in Pferdeställen: Dazu riss man die Fußböden der Stallungen alle 15 Jahre auf und grub die salpeterhaltige Erde aus. Dieser Aushub wurde in Fässern mit Holzasche gekocht, wonach der Salpeter abgeschöpft werden konnte. Die Gruben wurden mit neuer Erde gefüllt und mit Wasser besprengt. So konnten die weißen Kristalle (Ausblühungen) bis zur nächsten „Ernte" durch den Urin der Tiere wieder nachwachsen. Pferdeställe in den Hallen hätten also gut das Rohmaterial für die Saliterei liefern können. Vielleicht liegen irgendwo in den Archiven noch Urkunden und Pläne, die darüber Auskunft geben können. Die Reiterkaserne wurde 1910 abgebrochen, an ihrer Stelle errichtete man das Stadtviertel rund um den Hamerlingplatz.

Die ehemalige Weinkellerei Ramssl

Während der Suche nach einer glaubhafteren Erklärung für die befahrbaren Tunnel trafen wir durch Blauensteiners Vermittlung auf Eva Ramssl, welche die gleichnamige Weinhandlung in der Lenaugasse 7 und 9 in den dreistöckigen Kellern mit insgesamt tausend Quadratmetern Nutzfläche bis 1985 mit ihrem Gatten betrieb. Das Ehepaar hatte

Gewaltige Ausmaße: die Keller in der Lenaugasse 7–9.

frunax
Contra Ratten

Einige Bereiche des unterirdischen Labyrinths werden für Kellerabteile genützt.

diese im Jahre 1970 vom Weinhändler Krehula gekauft, und auch davor gab es hier schon eine Weinkellerei. Wie lange schon, ließ sich aber leider nicht eruieren. Mit Pferdekutschen seien früher die Weinfässer über eine Rampe hinunter bis in den dritten Keller gefahren worden, berichtete Frau Ramssl. Ihre Firma habe dort unten bis 1985 noch ein 40.000-Liter-Fass von der Höhe von 3,5 bis vier Metern und sogar eine mehrere tausend Liter fassende Weinzisterne besessen. Der heute noch 200 Meter (!) lange Keller wurde, laut Eva Ramssl, nach Erzählungen ihres Onkels während des Zweiten Weltkrieges für Schießübungen der Waffen-SS verwendet, er sei dabei als Polizist des Rayons selbst anwesend gewesen. Die Leuchtstreifen entlang der Wände zeugen noch heute von seiner Verwendung als Luftschutzraum, und der alte, verrostete Räucherofen im Kellergang wird wohl noch bis in die Nachkriegsjahre verwendet worden sein. Im Innenhof des Hauses sind noch die Belüftungsauslässe und -gitter der ehemaligen Weinkeller zu erkennen. Ein Altmieter erwähnt die in der Josefstadt schon öfter vernommene Geschichte, dass der Keller im dritten Untergeschoß Teil jenes Verbindungsganges aus der Zeit der Zweiten Türkenbelagerung sei, der von Dornbach bis zum Stephansdom führte. Angeblich lägen da noch Waffen aus dem Jahr 1683 vergraben. Geöffnet wurde die Stirnwand des Kellers bisher nicht: Bei dessen Übernahme im Jahre 1970 entnahm Herr Ramssl der Mauer allerdings einen Ziegel und warf ihn in den dahinter befindlichen Hohlraum. Er soll ein deutliches Klatschen gehört haben, es klang, als ob der Stein nach einigen Sekunden in Wasser gefallen wäre. Damit erhebt sich die Frage, ob sich unter den drei Kellerröhren vielleicht eine vierte voller Grundwasser, ein Brunnen oder aber gar ein Flusslauf befindet, dessen Spuren wir auch im Haus der Bäckerei Hönig und im Haus Lenaugasse 2 entdecken konnten.

Linke Seite: Verrosteter Räucherofen im Keller der Lenaugasse 7–9.

Eine der wenigen noch vorhandenen unterirdischen Backstuben in Wien.

Die Bäckerei Hönig

8., Lenaugasse 6 · Die Bäckerei Hönig besteht unverändert seit 1876 und ist eine der letzten Kellerbäckereien Wiens. Die Backstube befindet sich in den Kellergewölben entlang der Loidoldgasse. Gänge führen von dort unter das Nachbarhaus, das Café Rathaus, in Richtung Stadtzentrum weiter. Die Bäckerei könnte also gut in jenem alten Türkengang eingerichtet worden sein, dessen Spuren sich in anderen Häusern finden und von dem überall erzählt wird. Mehrere Treppen führen über verschachtelte Ebenen in das unterirdische Reich, unter dem angeblich noch heute ein Zulauf zum Alser- bzw. Ottakringerbach in Richtung Innenstadt fließt. Der Treppenabgang zu diesem Gewässer soll erst vor einigen Jahren entfernt, der Zugang vermauert worden sein. Einige Häuser weiter, im Treppenhaus Lenaugasse 2, findet man eine steinerne Statue des heiligen Nepomuk, des allgegenwärtigen Brückenheiligen, als deutlichen Hinweis auf einen ehemaligen Flussübergang. Diese Statue wurde wohl beim Abbruch der einstigen Brücke entfernt und in dem Haus neu aufgestellt.

Der Rittersaal im Säulenkeller

8., Lenaugasse 11 · Überraschenderweise gibt es noch weitere Keller in der Lenaugasse. Die Gäste des Restaurants „Centimeter“ im Haus Nummer 11 können manchmal Musik aus dem Untergeschoß hören. Dort unten erstreckt sich ein Saal, ein regelrechter Rittersaal, wo regelmäßig Tanzveranstaltungen und Konzerte stattfinden. Er wird auch gelegentlich von Vereinen zur Abhaltung von Mittelalterfesten gemietet. Das Besondere an diesem Saal sind seine mächtigen, quadratischen

Linke Seite: Der Kellergang neben der Backstube: ein historischer Minengang aus der Zeit der Türkenbelagerung?

Tonnengewölbe aus alter Zeit: der „Rittersaal" im Keller des Hauses Lenaugasse 11.

Säulen von zwei Metern Durchmesser, welche ein Tonnengewölbe stützen und aus älterer Zeit stammen dürften: Das Gebäude zählt zu den ältesten Häusern in der Gasse und ist im Kern gotisch. Der Notausgang des Rittersaals führt durch benachbarte Kellergewölbe über eine Wendeltreppe ins Freie. Im hinteren Teil des Gebäudes, von Stiege 3 aus, gelangt man über eine eiserne Wendeltreppe in die tiefer gelegenen Geschoße bis zu einem ehemaligen Eiskeller. Durch eine Bodenöffnung im Gehsteig vor dem Restaurant, heute mit metallener Platte verschlossen, wurden die Eisblöcke einst dorthin befördert. Wann und von wem der Eiskeller angelegt wurde, konnte das Team bisher noch nicht in Erfahrung bringen, in Rotters *Ortschronik der Josefstadt* wird das Haus jedenfalls nicht erwähnt.

UNTER DEM SCHOTTENPOINT

9., Währinger Strasse 22/Thurngasse 2

Hinter dem Wort „Schottenpoint" könnte man am ehesten die wienerisch-anglisierte Bezeichnung eines Treffpunkts gewisser britischer Touristen oder auch den Dialektausdruck für ein schattiges Plätzchen vermuten. Doch stammt der Name, nach älterer Schreibweise „Schottenpeunt" oder „Schottenbühel", bereits aus dem Mittelalter und bezeichnete den zwischen Währinger Straße und Donaukanal liegen-

Währinger Straße 22: Sommerpalais Schickh, heute Foyer des Hotels am Schottenpoint. Monumentalgemälde von Adalbert Franz Seligmann.

den Hügel. Die Berggasse und die Stiegen der Thurngasse und der Strudelhofgasse beweisen, dass es hier einen Steilabfall des Geländes zur Donau gibt, ein Hochplateau mit einst traumhafter Aussicht über Stadt und Donau. Wie überall um Wien herum, so blieben auch auf dem Schottenpoint die Grundmauern und die Keller der während der diversen Kriegshändel zerstörten Häuser erhalten, darunter die eines großen Klosters, des Magdalenenklosters vor dem Schottentor, das 1225 in den Gebäuden eines ehemaligen Gutshofs des Stiftes Klosterneuburg gegründet worden war. Es wurde nicht wieder aufgebaut, die Nonnen blieben im Laurenzerkloster, in das sie geflohen waren. Nach 1683 bauten dann reiche Adelige ihre Gartenpalais in dieser schönen Gegend, ganz oben an der heutigen Währinger Straße entstanden die Sommerpaläste der Familien Clam-Gallas, Thurn-Valsassina, Dietrichstein und anderer. Davon existiert als letzter Rest nur mehr das Ensemble Währinger Straße 22 und Thurngasse 2–4.

Das Sommerpalais des Edlen von Schickh

Im Jahr 1685 ließ sich der damals neu geadelte Jurist Georg Friedrich Schickh (gest. 1727) ein standesgemäßes Sommerpalais auf dem Grundstück zwischen Währinger Straße 22 und Thurngasse 2–4 errichten. Er gilt als Verfasser der „Pragmatischen Sanktion", des im Jahre 1713 von Kaiser Karl VI. veröffentlichten Grundgesetzes, das die weibliche Thronfolge in Österreich ermöglichte. Die Grundmauern des

Seite 164/165: Der Keller des ehemaligen Klosters am Schottenpoint, heute Ensemble Währinger Straße/ Thurngasse.

Palais sind alt, sie gehörten einst vermutlich zu einem der zerstörten Klöster, deren es in den Vorstädten ja etliche gab. Als der Besitz später an eine Gräfin Thurn kam, wurde das Grundstück 1823 parzelliert, wonach die Thurngasse und mehrere Biedermeier-Häuser entstanden. Der ehemals große barocke Garten existiert bis heute in den Innenhöfen der Wohnhäuser weiter, als Oasen inmitten des Verkehrstrubels rund um den Schottenbühel.

Der ehemalige „Akazienhof“

Das Wohnhaus Währinger Straße 22 wurde 1928 für die Familie Newald errichtet, aus welcher der Wiener Bürgermeister Julius Newald (1824-1897) stammte. Aus dem Newaldhof ist heute das „Hotel am Schottenpoint“ geworden. Betritt man dessen Foyer, so überraschen die überreiche Stuckverzierung und sechs monumentale Gemälde des Historienmalers Adalbert Franz Seligmann (1862–1945), welche die Geschichte des Schottenpoints und seiner Einwohner erzählen: Besonders bemerkenswert ist Eugenie Schwarzwald, die Gründerin etlicher sozialer Einrichtungen, die das Leben der hungernden Bevölkerung zu erleichtern versuchte. 1917 entstand durch ihre Initiative die erste Gemeinschaftsküche im „Akazienhof“ in der Thurngasse 4. Ihr Speisesaal wurde von Adolf Loos, einem Freund der Familie Schwarzwald, “licht und sauber“ eingerichtet. Bedauerlicherweise ist dieses Kunstwerk nicht erhalten geblieben.

Der Keller des verschwundenen Klosters

Einzig die Keller sind noch unverändert, und das schon seit dem Mittelalter. Ihre ursprüngliche Ausdehnung unter dem gesamten Grundstück des Schickhpalais betrug weit über tausend Quadratmeter. Die ehemaligen Klosterreste wurden bei der Parzellierung von 1823 nicht unterteilt, erst anlässlich der Errichtung des Zinshauses Thurngasse 2 wurde den einzelnen Mietern je ein Kellerabteil zugewiesen. Der danach verbliebene Keller hat noch immer schier unglaubliche Dimensionen. Meterhohe Ziegelgewölbe auf Bruchsteinmauern, durch mittelalterliche Wendeltreppen aus dem Erdgeschoß erschlossen, liegen ungenutzt unter der Erdoberfläche im Dornröschenschlaf. Tonscherben unbekannter Herkunft, Kohlenreste aus der Nachkriegszeit und eine vorsintflutliche Telefonleitung in einer Holzverschalung mit der Aufschrift: „Nicht zerschlagen! Telephon!“ schlummern ungestört seit Jahrzehnten unten. Der Schottenbühel dürfte übrigens in seiner ganzen Länge zwischen Berggasse und Thurngasse untertunnelt sein. Die Häuser dort stehen unter Denkmalschutz, und so darf gehofft werden, dass dieses Stück Stadtgeschichte noch länger erhalten bleibt.

Die imposanten Kellergewölbe des ehemaligen Klosters liegen ungenutzt im Dornröschenschlaf.

PFERDE UNTER DER ERDE

9., Wasagasse 12

Bei den Recherchen in Kellern und Souterrainräumen stießen wir immer wieder auf die Reste unterirdischer Pferdeställe. In den alten Zeiten, als man noch mit Pferd und Wagen unterwegs war, wurden überall Pferde gehalten. War ausreichend Platz vorhanden, so wurden die Tiere in eigenen Stallungen untergebracht. Im Stadtzentrum aber reichte oft der Platz für oberirdische Ställe nicht aus, daher verlegte man die Stellplätze und Tränken in die Keller. Die Rampen, über welche die Pferde hinunter- und hinaufgeführt wurden, haben sich in einigen Wiener Palais und Mietshäusern bis heute erhalten, wie beispielsweise in einem ehemaligen Palais hinter dem Burgtheater (Löwelstraße 12), errichtet 1876 von Johann II. Fürst Liechtenstein (1840–1929), heute ein Miets-und Bürohaus. Auch im Palais Kaiserhaus in der Wallnerstraße führte noch bis vor wenigen Jahren unter der Hausbesorger-Wohnung eine Pferderampe in den Keller, ebenso wie im heutigen Amtshaus in der Babenbergerstraße 5, wo es Pferdeställe mit Boxen und Tränken gab. Sogar die Namensschilder der zuletzt dort stehenden Pferde konnte man noch sehen, wie der Enkel des ehemaligen Hausbesorgers berichtet. Seit dem Umbau des Gebäudes ist nichts mehr davon zu sehen, im Kellergeschoß befinden sich jetzt die Versammlungsräume des Sozialamts.

Das Palais Wasa

Im ehemaligen Palais Wasa (Wasagasse 12) sind die Reste der einstigen Pferdeställe im Keller noch vorhanden. Der österreichische Feldmarschallleutnant Gustav Wasa (1799–1877), ein Sohn des schwedischen Königs Gustav IV. Adolf, ließ sich dieses nüchterne Wohnhaus um 1860 von Peter Hofbauer errichten. Es wurde ihm übrigens eine Liebesaffäre mit Erzherzogin Sophie von Bayern nachgesagt, die allerdings nicht beweisbar ist: Klatsch und Tratsch blühten schon immer an Fürstenhöfen. Seine Kutschen standen in einem einstöckigen Gebäude im Innenhof, das große Einfahrtstor mit den typischen kleinen Holztüren des Heustadels darüber existiert noch. Vom Innenhof führt die Rampe in den Keller, wo ab 1862 die Pferdeställe waren. Sie haben sich bis heute unverändert erhalten, wir konnten selbst den alten Sandboden und die Belüftungsschächte sehen, die unabdingbar zur Pferdehaltung sind. Leider fehlen alle Halterungen, Futterkörbe oder Tränken, die über die Zahl der hier untergebrachten Pferde Auskunft geben könnten.

Reste der unterirdischen Pferdeställe im Palais Wasa.

Halterungen und Futterkörbe sind verschwunden.

Der in sanfter Neigung abfallende Zugang für die Pferde. Eine heute noch erhaltene Tierrampe!

VI. Kapitel

Pötzleinsdorf

DAS TÜRKENLOCH

18., Pötzleinsdorfer Strasse 87 und 89
Bäckerei „Zum Türkenloch"

Seite 170/171: Keller des ehemaligen „Strasserwirts", Pötzleinsdorfer Straße 103.

Fährt man die Pötzleinsdorfer Straße stadtauswärts in Richtung Wienerwald, so kommt man kurz vor der Stadtgrenze am auffällig bemalten Haus Nummer 89 vorbei, in dem sich die bekannte Bäckerei Linsbichler befindet. Das großformatige Gemälde an der Hausfassade zeigt die Türkenbelagerung von 1683, vom Kahlenberg über Pötzleinsdorf bis zur Türkenschanze. In der Auslage ist ein Gedicht zu lesen:

Hier führte einst das Haus entlang
ein unterird'scher Türkengang; wozu?
Man ist nicht draufgekommen
doch wird als sicher angenommen
sie kauften einst, wie Du heut noch
beim Meisterbäck vom Türkenloch.

Was es mit dem „unterird'schen Türkengang" in dem netten Werbespruch auf sich hat, weiß Bäckermeister Linsbichler zu erzählen:

Der Goldschatz im Türkenloch

Die Familie Linsbichler stammte aus Hirtenberg, wo sie eine große Bäckerei betrieb. Als Vater Anton Linsbichler 1945 aus der Kriegsgefangenschaft heimkehrte, waren sein Haus und sein Betrieb von den

Die Türkenbelagerung von 1683: Bild an der Fassade des Bäckermeisters Linsbichler.

Russen besetzt. So zog er mit Sack und Pack nach Wien und kaufte die alteingesessene Bäckerei des Anton Kaltenbrunner in dem über 300 Jahre alten Haus in der Pötzleinsdorfer Straße. Dessen Vorgänger war der Bäcker Faulhaber gewesen, der auch das Nachbarhaus Nummer 87, das „Faulhaberische Haus", besessen hatte. Linsbichler ließ bei der Übernahme den viel zu kleinen Keller auf 13 Meter Länge vergrößern. Dabei entdeckte er die Öffnung eines schmalen Ganges. Neugierig kroch er hinein und fand darin ein verschnürtes Bündel. Zu seiner größten Verwunderung enthielt es ein Säckchen voller Goldmünzen.

Auf der Suche nach weiterem Gold kroch er weiter in den Gang hinein. Wie weit er kam, ist nicht mehr bekannt. Gold fand er jedenfalls keines mehr, worauf er den einsturzgefährdeten Gang zumauern ließ. Die Geschichte vom Türkenloch wurde zum Markenzeichen der Bäckerei Linsbichler.

Erdloch, Türkenstollen oder Klostergang

Als die Autorin der Geschichte nachging, fand sie im Heimatbuch Währing aus dem Jahre 1923 eine Notiz: *Im Keller und Erdgeschoß des Hauses fanden sich untrügliche Merkmale mittelalterlicher Bauweise vor ... im gotischen Vorraum war eine uralte Falltüre, die in einen Kellerschacht führte. Vom Hof, und zwar von einem Wagenschuppen aus, kam man über eine Stiege in einen zweiten, ziemlich großen Keller, von dem ein niedriger Gang bis unter die Straße führte. Einst soll er bis unter den Friedhof gereicht haben. Der Volksmund erzählt, dass der geheimnisvolle Gang, der nicht ausgemauert gewesen ist, in der Zeit der großen Türkennot (1683) entstanden sein soll.*

Die Türken hätten allerdings keinerlei Grund gehabt, ausgerechnet in Pötzleinsdorf Minen zu graben, denn dort gab es ja keine Befestigungsanlagen, keine Stadtmauern zum Sprengen. Doris Weis, die Kustodin des Bezirksmuseums Währing, meint daher, es handle sich bei dem Loch um einen „Erdstall". Erdställe nennt man jene rätselhaften unterirdischen Gänge von nur 40–80 Zentimetern Breite und 120 bis 150 Zentimetern Höhe, die man im gesamten nördlichen Niederösterreich, Teilen Oberösterreichs und Bayerns findet. Man schätzt ihr Alter auf mindestens tausend, wenn nicht sogar bis zu 3000 Jahren. Ihre Anlage, ihr Zweck und die Herkunft ihrer Erbauer konnten bis heute nicht geklärt werden. Die Autorin hält diese Erklärung für nicht sehr wahrscheinlich, eher schon den Hinweis der Chronik auf das Mittelalter. Vielleicht diente ein unterirdischer Gang zur Verbindung zweier Klöster, die sich einst hier befunden haben sollen, eines davon stand an der Stelle des Faulhaberischen Hauses in der Pötzleinsdorfer Straße 87.

Ist dieses Gebäude wirklich ein verwunschenes Schloss?

Das verwunschene Schloss

Der Volksmund nennt es auch „Schlössl", wohl weil es stattlicher war als die umliegenden, einst ärmlichen Häuser. Es ist von alters her von unheimlichen Legenden umrankt. In grauer Vorzeit soll es ein Schloss gewesen sein, in welchem ein Ritter seine untreue Ehefrau grausam ermordete, die seither dort umgehen soll. Später diente es dem Himmelpfort-Kloster als Wirtschaftshof. In seinen tiefen Kellern sollen einst jene Nonnen geschmachtet haben, die sich schwerer Verfehlungen schuldig gemacht hatten. Die Klosterakten erzählen aber nur, dass das Gebäude 1750 abbrannte und danach vom Himmelpfort-Kloster als Lesehof mit Arbeiterwohnungen wieder aufgebaut wurde. 1904 wurde dieser durch ein neues Mietshaus ersetzt.

Lokalaugenschein im Türkenloch

Auf Einladung des Bäckermeisters Linsbichler gingen wir im Februar 2011 in regelrechter Schatzgräberstimmung der Türkenloch-Geschichte nach. Die Kellerröhre mit einer Länge von ca. 13 Metern, mit 3,5 Metern Breite und 2,5 Metern Höhe war an der Stirnwand verschlossen. Es gab weder seitliche Durchbrüche noch Abzweigungen zum Nachbarkeller. Mit Erlaubnis des Eigentümers wurde die Wand nun erstmals nach 66 Jahren wieder geöffnet, um etwaige Hohlräume dahinter aufzuspüren.

Der Keller der Bäckerei Linsbichler.

An der Stirnseite durften wir einen der Ziegel aus der Wand entfernen. Eine weitere Ziegelreihe versperrt uns den Weg! Verbirgt sich dahinter ein weiterer Goldschatz?

Robert Bouchal entfernte vorsichtig einen Ziegel aus der Wand. Leider befand sich dahinter nicht der erwartete mysteriöse Gang oder gar ein Goldschatz, sondern eine zweite Ziegelmauer, die nur mit schwerem Gerät durchbrochen werden könnte. Zwar will der Eigentümer sie zu einem späteren Zeitpunkt öffnen lassen, doch steht zu befürchten, dass der Gang dahinter gar nicht mehr zugänglich sein wird. Die Vermutung liegt nahe, dass das einstige Erdloch mit dem bei der Kellererweiterung

Mauerdurchbruch im Keller des ehemaligen „Strasserwirts".

angefallenen Aushub verfüllt wurde. Vielleicht gibt es aber doch noch unbekannte Schlupflöcher unter der Bäckerei: Die Katzen der Familie Linsbichler tauchen immer wieder irgendwo unter und an anderer Stelle wieder auf. Spannend wäre die weitere Untersuchung jedoch allemal, mögliche Goldfunde hoffentlich nicht ausgeschlossen. Vielleicht kann dann endlich geklärt werden, ob es sich um einen Erdstall oder um türkische Laufgräben, Verstecke oder einen mittelalterlichen Verbindungsweg handelt.

Der Schliefgang unter dem „Strasserwirt"

Das Team war jedenfalls entschlossen, nun einen Zugang zum legendären unterirdischen Gang unter einem der Nachbarhäuser aufzuspüren. In der Nähe gibt es ein ehemaliges Wirtshaus, das einst legendäre Restaurant „Strasserwirt", Pötzleinsdorfer Straße 103. Das Haus soll 1778 erbaut worden sein, verfügt aber hofseitig in seinen Grundmauern über ältere Bauteile. Es steht heute im Besitz einer aus den USA stammenden Familie, die für eine vorbildliche Renovierung sorgte, bei der seine alte Substanz wieder freigelegt wurde. Bei den Arbeiten sollen im Keller, der heute gelegentlich Hausmusikabenden mit Wiener Künstlern dient, schmale, niedrige Gänge vorgefunden worden sein, die in Richtung Kirche und Friedhof führten. Der freundlichen Einladung der Eigentümer folgend, betraten wir das überraschend große Keller-

Der Schliefgang zur Ägydiuskirche.

geschoß zu einem Lokalaugenschein: Das Haus ist in seiner gesamten Länge unterkellert, enorme Gewölbe, die ehemaligen Weinkeller und das Presshaus des Strasserwirts, zeugen noch jetzt von dessen früherer Bedeutung. Und dann entdeckten wir das Gesuchte: An der straßenseitigen Wand öffnet sich ein ca. 1,6 Meter hoher Mauerdurchbruch, der schmale Gang dahinter ist mit altem Ziegelgewölbe überdeckt und führt unter der Pötzleinsdorfer Straße bis zur Ägydiuskirche. Dort endet er an der Kirchenmauer in einem nur ca. 80 Zentimeter hohen Torbogen, der ein Weiterkommen nur kriechend ermöglichen würde – wenn er nicht mit Bruchsteinen ausgefüllt und verschlossen wäre. Die Mauer am Gangende und der Torbogen bestehen nicht aus Ziegeln, sondern aus Naturstein. Würde man einen Stein aus der Mauer lösen, so könnte man vermutlich in die Krypta der Ägydiuskirche gelangen. Ganz offensichtlich handelt es sich bei diesem Gang um einen der legendären Verbindungsgänge unterhalb der alten Winzerhäuser von Pötzleinsdorf, deren Existenz durch diese Untersuchung bewiesen werden konnte. Es gibt sie noch, wenn auch ihr Alter, ihr Zweck und ihre Erbauer vorerst unbekannt bleiben. Sie stehen untereinander in Verbindung, so gibt es auch vom Keller des Strasserwirts aus Verbindungsgänge zu den Nachbarhäusern, die allerdings jetzt durch eine neue Ziegelwand verschlossen sind.

VII. Kapitel

Schönbrunn und Hietzing

UNTER DEM SCHLOSS UND DEM SCHÖNBRUNNER BERG

Seite 178/179: Einer der Fluchtgänge unter den Hietzinger Cottage-Villen: Unterirdische Fluchtgänge sollen von Schönbrunn bis Ober St. Veit geführt haben.

Schloss Schönbrunn und sein Barockgarten zählen zu den meistbesuchten Attraktionen Wiens. Über drei Millionen Gäste besuchen jährlich das Schloss, und mehrere Millionen Spaziergänger durchwandern den Schlosspark. Doch die dort befindlichen ausgedehnten Tunnelanlagen und die unterirdischen Verbindungsgänge sind weitgehend unbekannt. Bei ihnen handelt es sich größtenteils um Versorgungsgänge, die „Kollektorgänge". Daneben soll es aber auch unterirdische Geheimgänge von mehreren hundert Metern Länge gegeben haben, die den Schlosspark bis zur Gloriette und zum Tiergarten durchquert haben sollen. Diese im Besonderen waren das Ziel unserer Nachforschungen.

Der Journalist und Schönbrunn-Chronist Prof. Gerhard Kunze, der mehrere Bücher über den Tiergarten Schönbrunn verfasste, schreibt zu diesem Thema: *Aus historischen Berichten über Schönbrunn und die Hofburg wissen wir, dass der jeweilige Kaiser auf Schritt und Tritt beobachtet wurde. Diese Überwachung fand aber nicht offen statt, sondern musste vom Kaiser unbemerkt bleiben, also unterirdisch stattfinden. Das weit verzweigte Tunnelsystem diente nicht nur zur Observierung, sondern natürlich auch zur Versorgung. Wo immer der Kaiser sich befand, mussten Diener zur Stelle sein. Diese „unsichtbaren Geister" hatten auf schnellstem Wege das Gewünschte herbeizuschaffen. So ist es naheliegend, dass sie sich unterirdisch bewegten.*

Der geheimnisvolle Pavillon im Tiergarten

Die Recherchen begannen im Bezirksmuseum Hietzing, das sich in einem Gebäude aus der Zeit des Historismus befindet. Seine Keller und das Parterre gehen jedoch auf die Zeit vor 1680 zurück. Der somit bereits 330 Jahre alte Gewölbekeller verfügt in Richtung Hietzinger Kirche und Schönbrunner Schlosspark über mehrere vermauerte Gänge. Diese Gewölbe sind in ihrer Bauweise ident mit jenen unter dem Tiergarten-Pavillon. Eine einstige unterirdische Verbindung wäre daher durchaus denkbar, da einer der Kellerausgänge in schnurgerader Richtung dorthin zeigt. Leider konnte dies nicht weiter überprüft werden, da sämtliche unterirdischen Gänge heute vermauert sind.

Alten Berichten nach bestehen Verbindungstunnel auch vom Schloss zum Tierpark und unter sämtlichen Gebäuden innerhalb desselben. Einige dieser Gänge sind noch zugänglich, wovon sich das Team in den Kellergewölben unter der Tiergartendirektion und in der heutigen Restaurantküche unter dem Pavillon überzeugen konnte. Allerdings sind sie stets nach wenigen Metern vermauert und daher nicht mehr durch-

gängig. Man schreibt ihre Entstehung Kaiser Franz I. Stephan zu, dem Erbauer der Menagerie. Er ließ im Jahr 1752 einen achteckigen Pavillon und um ihn herum 13 Tiergehege errichten, die er Logen nannte. Ungewöhnlich ist das aufwendige und für den zierlichen Pavillon zu groß geratene Fundament, das bereits zu vielen Deutungen Anlass gab: Sie reichen von Alchemistenküche über Freimaurerloge bis zum bloßen Hochwasserschutz, wie einige Historiker meinen. Der nun bereits pensionierte Tiergartendirektor Helmut Pechlaner fand bei seinem Dienstantritt im Jahr 1992 in den unterirdischen Küchengewölben des Pavillons noch die Reste von vier Öfen jener Art, wie sie einst für alchemistische Experimente verwendet wurden. Ihre Schornsteine sind noch heute hinter den Vasen auf dem Dach des Pavillons zu sehen. Ein noch immer sichtbares Pentagramm im Boden der heutigen Restaurantküche wird für ein altes Alchemisten-Zeichen gehalten. Der Kaiser besaß, wie bereits berichtet wurde, vermutlich auch in seinem Stadtpalais in der Wallnerstraße ein solches Labor. Auf Grund der noch vorgefundenen rudimentären Einrichtung kann vermutet werden, dass sich im Untergeschoß des Oktogons ebenfalls ein solches befand. Der Pavillon selbst soll als Sitz einer Freimaurerloge errichtet worden sein, welcher der Kaiser seit seinem Beitritt im Jahr 1731 angehörte. Damit seine Logenbrüder den Logentreffen unerkannt beiwohnen konnten, sollen sie unterirdisch aus der Maxingstraße unter dem Direktionsgebäude hindurch in den Pavillon

Der geheimnisvolle Tiergarten-Pavillon. Im Keller befindet sich die ehemalige Alchemistenküche.

Kleines Bild: Einer der noch erhaltenen Schornsteine: letzter Hinweis auf die Brennöfen der Alchemisten.

gelangt sein. Die Bedeutung von Menagerie und Pavillon wurde 2006 von Erich Krenslehner und Gabriele Lukacs ausführlich in der Broschüre *Geheimnisvoller Tiergarten Schönbrunn* beschrieben.

Unter der Gloriette

Der Triumphbau Gloriette auf dem 243 Meter hohen Hügel hinter dem Schloss Schönbrunn gehört zu einem Gesamtkonzept, das Fürst Kaunitz erdachte und der Architekt Johann Ferdinand Hetzendorf von Hohenberg (1733–1816) ab 1770 im Auftrag von Kaiserin Maria Theresia ausführte. Das Bauerk ist auf das Achssystem des Schlosses und des Parks bezogen. Nach den älteren Plänen Johann Bernhard Fischer von Erlachs (1656–1723) hätte dort der eigentliche Schlossbau realisiert werden sollen, in seinem zweiten Entwurf hatte dieser dort jedoch nur mehr einen Triumphbogen als „Tor in die Unendlichkeit" vorgesehen. Hohenbergs Gloriette besteht in Anlehnung daran aus einem mittigen Triumphtor mit drei verglasten Bogenöffnungen und beidseitigen Flügelbauten. Der Mittelteil diente dem Kaiser in den Sommermonaten als Speisezimmer, der Flachdachaufbau als grandiose Aussichtsterrasse mit Blick über ganz Wien bis zu den Ausläufern der Alpen und Karpaten. Während des Zweiten Weltkriegs wurden von der Gloriette aus die Bombentreffer auf die Stadt beobachtet und der Feuerwehreinsatz geleitet. Im Keller befanden sich damals Behelfsunterkünfte und

Die Gloriette im Schlosspark von Schönbrunn beherbergt einen großen Gewölbekeller.

Schlafplätze. Heute befindet sich im Haupttrakt ein Café-Restaurant, die Dachterrasse ist gegen Gebühr in den Sommermonaten zugänglich. Unter dem gesamten Gebäudekomplex liegt ein Keller mit fünf bis sechs Meter hohen Ziegelgewölben, die heute noch durch ihre gewaltige Ausdehnung beeindrucken. Die starken Mauern waren wegen des labilen Untergrunds nötig, auf dem das Bauwerk ruht. Maria Theresia hatte den Berg nämlich von 600 Gärtnern durch Aufschüttung künstlich planieren lassen. Dieser Keller diente als Lager für Sumpfkalk und als Eiskeller. Das Eis wurde damals im Winter aus dem südlich gelegenen Fasangartenteich gestochen und durch einen ebenen Stichgang zum Keller transportiert, wo es bis in die Sommermonate gefroren blieb.

Der Druckstollen unter dem Schönbrunner Berg

Das Wasser für Schönbrunn stammte früher aus Quellen im Lainzer Tiergarten, von wo es über hölzerne Röhren zum Teich vor der Gloriette geleitet wurde, der als Reservoir diente. Von dort führt unter der gesamten Länge des Berges ein gemauerter, original erhaltener, gewaltiger Stollengang, durch den bis heute Wasser in Röhren vom Gloriette-Teich talwärts stürzt, hinab zum Neptun-Brunnen. Er hat einen Durchmesser von ca. zwei Metern, kann also aufrecht begangen werden. Am unteren Ende verengt er sich, sodass die Wassermassen mit

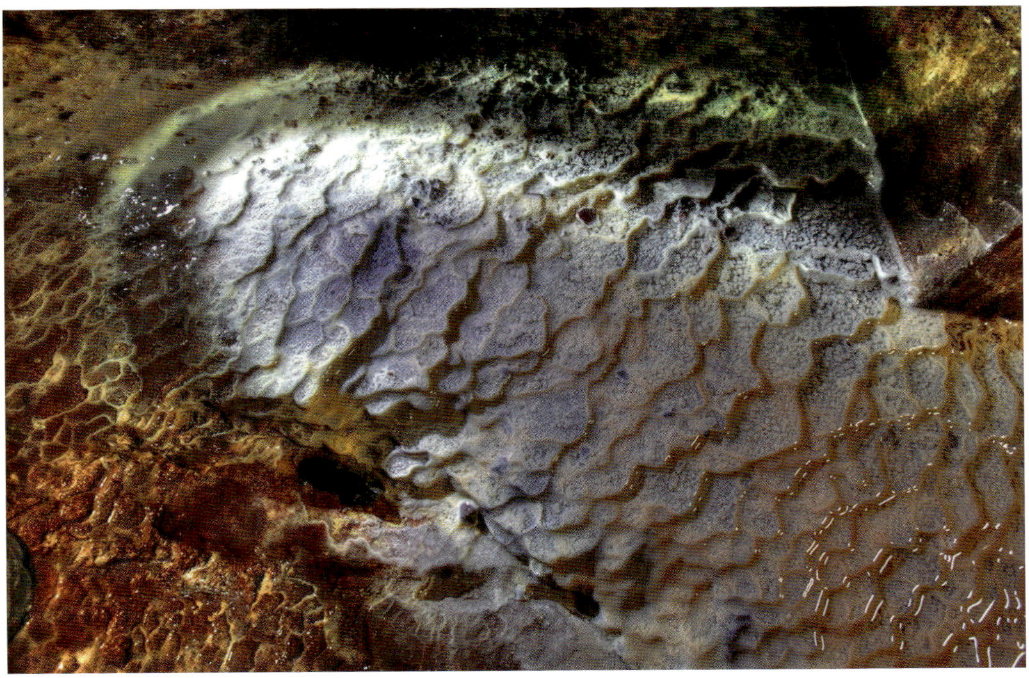

Da die Röhren undicht sind, dringt Wasser in den Tunnel. Hier bilden sich feine Kalksinterterrassen.

Seite 184/185: Ein imposanter Tunnel dient der Wasserversorgung des Neptunbrunnens.

vermehrtem Druck in die Sammelbecken stürzen. In der Brunnenstube hinter dem Brunnen befinden sich Maschinen, welche die Wassermassen zu den Fontänen leiten und diese betreiben. Danach fließt das Wasser zu den kleineren Brunnen der einzelnen Boskette und dient schließlich noch der Parkbewässerung. Vor 300 Jahren entsprach diese Konstruktion dem letzten Stand der Technik. Es ist beeindruckend, dass dieses technische Wunderwerk noch heute funktioniert. Das Erlebnis, in der Wasserleitung unter dem Hügel steil auf- oder abwärts zu gehen und dabei das Dröhnen der Wassermassen zu hören, ist überwältigend.

„Am Keller“

Zu unserer Besichtigungstour gehörte auch eine Begehung der unterirdischen Räume des Schlosses selbst. Da dieses auf den Grundmauern der abgetragenen Gatter- oder Katterburg errichtet wurde, konnte keine Totalunterkellerung erfolgen. Es gibt also keine tiefen Keller, die etwa mit jenen der Hofburg oder auch nur der Gloriette vergleichbar wären. Nur unter den Seitenflügeln des Schlosses finden sich Versorgungsschächte für die barocken Wasserleitungen und die modernen Strom- und Telefonleitungen. Da aber jedes Schloss über einen Keller verfügen musste, um Lebensmittel einzulagern, hatte man einen eigenen Keller neben dem linken Schlosstrakt angelegt, der nur geringfü-

Ein herrliches Gewölbe, dessen Existenz dem Schönbrunnbesucher verborgen bleibt.

gig tiefer liegt als das Hauptgebäude. Wäre er tiefer gewesen, so hätte ihn der regelmäßig über seine Ufer tretende Wienfluss sonst ebenso regelmäßig überschwemmt. Er ragt also über das Bodenniveau des Gartens heraus, es handelt sich um einen im Park frei stehenden Raum. Der geräumige Keller steht leer und wird nur im Winter als Aufbewahrungsort für Gießwasser verwendet, das in Fässern dort gelagert wird. Der „Kronprinzengarten“ wurde daneben angelegt, weshalb man diesen auch „Am Keller“ nennt.

Große, für die Gartenbewirtschaftung genutzte Gewölbe im Park von Schloss Schönbrunn.

Der Ofen für den Kaiser

Auch die Schlosskapelle ist nicht unterkellert, sie besitzt nicht einmal eine Krypta, weil sie nie als Begräbnisstätte gedacht war. Sie verfügt jedoch über eine Heizanlage, die aus dem 19. Jahrhundert stammt und als vielleicht letzte ihrer in Wien original erhaltenen Art ein sehenswertes Unikat darstellt: Unter dem Treppenaufgang zur Kaiserempore kann man noch den gusseisernen Ofen der Firma Heim bewundern, welcher bis 1916 die Privatloge Kaiser Franz Josephs im ersten Stock des Kirchenschiffs beheizte. Franz Joseph bewohnte Schloss Schönbrunn bekanntlich auch im Winter und nahm täglich an der Morgenmesse teil. Hermann Heim war k. u. k. Ofenhersteller und Hoflieferant, seine Hauptniederlassung befand sich in der Innenstadt am Kohlmarkt 7. 1872 gründete er eine Fabrik in Oberdöbling und belieferte bald die

Durch einen Zufall entdeckt: der betriebsbereite Ofen des Kaisers.

Historische Heizungstechnik, welche hier glücklicherweise noch erhalten geblieben ist.

Adelshäuser in der gesamten Monarchie mit Öfen. Heims Öfen wurden auch in Eisenbahnzüge eingebaut, beispielsweise in den Salonwagen der Kaiserin Elisabeth, sie kamen ferner in den Sanitätszügen des Militärs zum Einsatz. Der Heim-Ofen im Keller der Schlosskapelle ist heute noch genauso betriebsbereit wie zu Kaisers Zeiten, selbst Kohlen lagern noch im Keller. Würde der Kaiser heute zurückkommen und nach einer gewärmten Kirchenbank verlangen, so könnte man seinen Wunsch vermutlich umgehend erfüllen.

DER GEHEIMNISVOLLE METTERNICHGANG

13., Grünbergstrasse 16–18

Der Hietzinger Rechtsanwalt und Historiker DDr. Gebhard Klötzl wies die Autorin auf einen Bericht von DI Dr. Erich Schlöss, der in Heft 4/2002 der *Wiener Geschichtsblätter* erschienen war, hin, in welchem der Architekt über seine Entdeckung einer unbekannten Villa des ehemaligen Staatskanzlers Metternich am Grünen Berg berichtet. Er war auf der Suche nach Dokumenten über die Metternich'schen Besitzungen am Rennweg im dritten Bezirk im Archiv der Albertina auf einen Plan ohne Bezeichnung und Datum gestoßen, der sich keinem der Gebäudeteile am Rennweg zuordnen ließ. Wie sich herausstellte, gehört er zu einem ehemaligen Besitz Metternichs auf dem Grünen Berg bei Schönbrunn, der in der Fachliteratur nicht aufscheint, obwohl er im Archiv des Bezirksmuseums Meidling in Wort und Bild dokumentiert ist.

Diese Villa mit angrenzendem Garten liegt auf der Meidlinger Seite des Schönbrunner Schlossparks. Aufmerksame Besucher können noch heute die ehemals pompöse Villen-Einfahrt zwischen zwei Säulen in der Parkmauer hinter dem Schönbrunner Obelisken erahnen. Die vom Schloss kommende Achse der Obelisken-Allee läuft in einer Linie auf dieses heute vermauerte Einfahrtstor zu. Die Schlossmauer macht dort einen unerklärlichen Knick und steht in einem Winkel von 90 Grad zur

Nun wieder verschlossen: der Eingang zum Metternichgang.

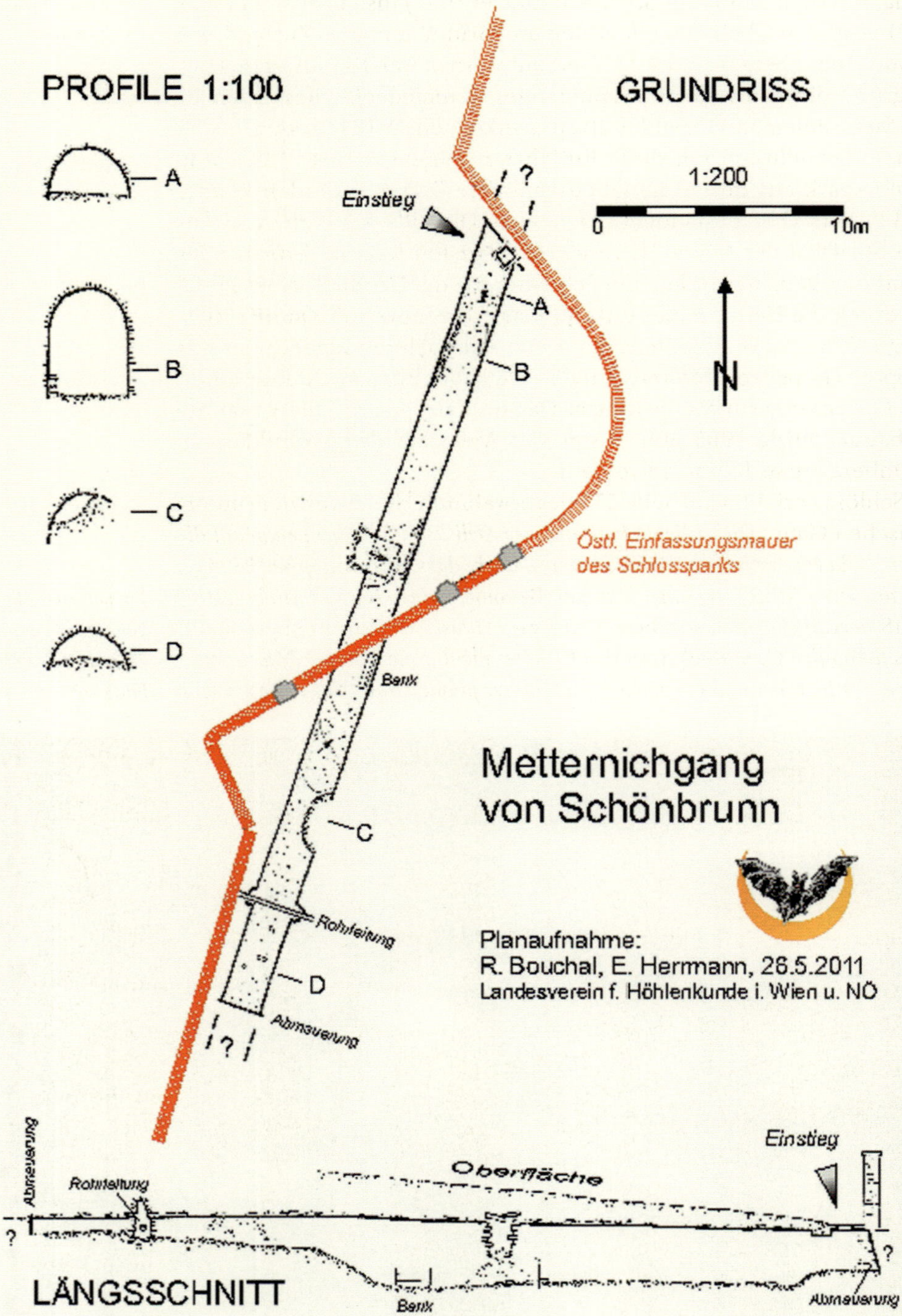
PROFILE 1:100
GRUNDRISS
A
B
C
D
1:200
0
10m
N
?
Einstieg
Bank
Östl. Einfassungsmauer des Schlossparks
Metternichgang von Schönbrunn
Rohrleitung
Abmauerung
Planaufnahme:
R. Bouchal, E. Hermann, 26.5.2011
Landesverein f. Höhlenkunde i. Wien u. NÖ
Oberfläche
Einstieg
Abmauerung
Rohrleitung
Bank
Abmauerung
LÄNGSSCHNITT

Obelisken-Allee, was nur mit einer früheren Fortsetzung der Allee erklärt werden kann. Ein Stich von Ziegler und Janscha aus dem Jahr 1781 zeigt den Obelisken mit Grotte und Brunnen in dem Zustand, wie er von Hohenberg im Jahre 1777 erbaut worden war. Darauf ist im Hintergrund ein prunkvolles zweiflügeliges, schmiedeeisernes Gittertor mit Steinsäulen und Vasenaufsätzen zu erkennen. Dabei handelt es sich ganz offensichtlich um diese Einfahrt zu einem Anwesen, das vom Schlosspark aus durch die Obelisken-Allee betreten werden konnte und bereits 1777 bestanden haben muss. Die Villa war vermutlich für den Staatskanzler Maria Theresias, den Fürsten Kaunitz, erbaut oder zumindest geplant worden und fiel später wie der Großteil seines Besitzes durch die Heirat seiner Enkelin Marie-Eleonore von Kaunitz-Rietberg (1775–1825) an Metternich. Einer der späteren Eigentümer war Leopold Popper von Podhragy (1886–1986), der Ehemann der berühmten Opernsängerin Maria Jeritza. Das deshalb Jeritza-Villa genannte Gebäude wurde 1965 abgerissen, das Areal mit den Wohnhäusern Grünbergstraße 16 und 18 verbaut.

Linke Seite: Der Metternichgang im Grundriss.

DI Schlöss berichtet auf Seite 333 des erwähnten Heftes von dem unterirdischen Gang: *Dieser liegt oberhalb des Obelisken und führt genau auf die ehem. Villa Metternich zu. Der Gang ist so hoch, dass man drin gehen kann … wie aus einer Mitteilung eines heutigen Bewohners des Hauses Grünbergstraße 18 hervorgeht, fand sich beim Bau dieses Hauses ein Keller mit einem talseits führenden Gangstück, über den Näheres nicht eruierbar war. Man vermutete einen Eiskeller und ein solcher kann dieser ja auch durchaus gewesen sein.*

Ein übermannshoher Gang, gebildet aus Ziegeln. Welchen Zweck hatte er?

Im Metternichgang von Schönbrunn.

Leider fehlt eine genaue Beschreibung dieses 1966 von Schlöss wieder entdeckten Ganges, daher waren seine Länge, Höhe, Breite sowie seine exakte Ausrichtung unbekannt.
Ohne den Bericht und somit den Zusammenhang mit der Villa Metternichs zu kennen, hatte Robert Bouchal im Jahr 2001 im Zuge seiner Arbeit an dem Buch *Mystisches Wien* diesen Gang bereits betreten. Er erinnerte sich noch, dass sich der Einstieg damals unter einer Holzhütte im dichten Gebüsch hinter dem Obelisken befand. Obdachlose hatten diese Hütte als Winterquartier verwendet und sogar im Gang gehaust. Nun sollte die Suche nach dem geheimnisvollen Gang aufgenommen werden, um eine im Bereich der Möglichkeiten liegende geheime Verbindung zwischen der Villa und Schloss Schönbrunn zu finden.

Ein mysteriöser Geheimgang

Ein Gespräch mit dem heute 92-jährigen Architekten, der sich noch genau an die bauliche Situation des Jahres 1966 erinnert, lässt zwei Hypothesen zu: Entweder handelte es sich lediglich um einen Verbindungsgang zwischen dem Palais und einem mit Sicherheit vorhandenen Eiskeller unterhalb des Metternich'schen Anwesens, oder aber der Gang führte von der Villa in den Schönbrunner Schlosspark. Dieser Meinung sind auch die Eigentümer der Wohnhausanlage, welche sich

heute auf dem Grundstück befindet. Sie hatten schon von unterirdischen Verbindungsgängen zum Schloss und sogar zur Gloriette gehört. In den Bezirksmuseen war jedoch nichts darüber zu erfahren.

Die Parkbank diente einige Zeit hindurch als Schlafgelegenheit für Obdachlose.

Die Spurensuche

Eine Spurensuche im Gelände sollte Aufklärung bringen. Vom ehemaligen Tunneleinstieg war nichts mehr zu sehen, das gesamte Areal um den Obelisken war neu gestaltet worden. Dabei war die alte Holzhütte, die sich noch 2001 über dem Tunneleingang befunden hatte, abgerissen, das Gelände gerodet und aufgeschüttet worden. Der Werkmeister gab an, dass ein Metalldeckel als Verschluss über den Tunneleinstieg gesetzt worden sei, der Zugang war somit verschlossen. Nach mehreren vergeblichen Versuchen, diesen Deckel unter dem aufgeschütteten Erdmaterial zu finden, half nur mehr ein Metallsuchgerät. Tatsächlich konnte der verschlossene Zugang auf diese Weise gefunden werden.
Darunter liegt in geringer Tiefe der Gang noch unversehrt da, so wie er vermutlich vor 230 Jahren angelegt worden war. Der aus Ziegeln errichtete, 162 Zentimeter breite und stellenweise bis 220 Zentimeter hohe Gewölbegang führt auf der einen Seite unter die Mauer der heute verschwundenen ehemaligen Metternich-Villa und auf der anderen Seite weiter in Richtung Schönbrunner Bad. Alle ein bis 1,2 Meter gibt es auf derselben Höhe einander gegenüberliegende quadratische Aus-

Das südliche Ende des Metternichganges. Im Licht der Taschenlampe ist ein quer verlaufendes Rohr zu erkennen.

nehmungen in den beiden Seitenwänden, deren Zweck nicht klar ist. Hier könnten einst Pfosten das Gewölbe gestützt haben. Dann müsste sich die Gangsohle damals allerdings um ca. einen Meter tiefer befunden haben. Da der heutige Boden tatsächlich aus lockerem Erdreich besteht, könnte dieses im Lauf der Zeit eingesickert oder eingefüllt worden sein. Vielleicht handelt es sich bei den Ausnehmungen auch nur um Nischen zur Befestigung von Kerzen. Das Team konnte in schnurgerader Richtung ca. 30 Meter weit in den Gang vordringen. Eine vermorschte Parkbank lag als letzter Rest des ehemaligen Obdachlosenquartiers noch im feuchten Erdreich. Dann allerdings versperrte ein Erdhaufen den Weg, durch den erst ein schmaler Durchschlupf freigelegt werden musste. Danach führt der Tunnel aber nur mehr wenige Meter weiter, bis eine Ziegelwand den Weg 33 Meter vom Einstieg entfernt versperrt. Somit war nun zwar die Existenz des vermuteten Ganges, der von der Villa ausging, bewiesen, nicht aber seine ehemalige Länge, Anfang und Ende, sein Verlauf und sein Zweck.

Eine genaue Vermessung ergab zweifelsfrei, dass es sich nicht um eine unterirdische Verbindung zum Obelisken oder zum Schloss handelt. Der Plan zeigt die exakte Richtung des aufgefundenen Ganges: Er kommt vom ehemaligen Metternich-Besitz und führt wieder darunter, wobei er zweimal die Schönbrunner Grundstücksgrenze schneidet. Einst führte er in beide Richtungen weiter, heute aber versperren neuere Ziegelwände den Weg.

Ein Kriechgang zur Kleinen Gloriette

Auch Personen, welche den geheimnisvollen Gang schon gesehen haben, kennen seinen Zweck nicht: So war der 1945 geborene Hugo Fischer als zwölfjähriger Knabe darin herumgekrochen, schon damals war der weitere Durchgang durch den Erdeinbruch versperrt. Man habe ihm gesagt, der Gang sei von jüdischen Zwangsarbeitern zugeschüttet worden. Sie hätten auch den Bunker graben müssen, der heute noch oberhalb der Häuser Grünbergstraße 16–18 zu sehen ist.
Fischer erforschte als Knabe aber noch einen zweiten Gang, der von der Villa zu einem heute nicht mehr existenten Salettl beim Parkeingang auf der Hohenbergbrücke führte. Dort habe sich der Ausstiegsschacht aus dem 80 Zentimeter hohen und 200 Meter langen, aus Ziegeln errichteten Kriechgang befunden. Bei seiner geringen Höhe ist eher nicht anzunehmen, dass er als Geheimgang konspirativen Zwecken diente. Dass die Freimaurerloge, die angeblich die kleine Gloriette bei der Hohenbergbrücke benutzte, bei seiner Errichtung eine Rolle spielte, ist ebenfalls reine Spekulation. Die Antwort ist vermutlich wesentlich einfacher – aber man kennt sie nicht.

DIE VILLA XAIPE

13., Grünbergstrasse 2

Am Fuß des Grünen Berges grenzt unmittelbar an das Meidlinger Tor des Schlossparks eine barocke Villa mit griechischer Aufschrift an, die Villa XAIPE (= Sei gegrüßt). Sie wurde 1793 vermutlich vom lothringischen Architekten Jean Nicolas Jadot (1710–1761) für Raimund Wetzlar-Plankenstern (gest. 1812), den großzügigen Gönner Mozarts, errichtet, der dann dort ein sehr offenes, gastfreies Haus führte, in dem es unter anderem im Jahre 1800 zu einem musikalischen Wettstreit zwischen Ludwig van Beethoven und dem Pianisten Joseph Wölfl kam. Das Haus wurde auf den Grundmauern einer ehemaligen Mühle über einem Mühlbach errichtet. Bei ihr soll es sich um die Kattermühle gehandelt haben, die einst an der Stelle des Schlosses gestanden, dann abgetragen und an neuer Stelle wieder aufgebaut worden war.
In der Chronik von Hietzing *In Hietzing gebaut* (Bd. I, S. 135) wird von einem unterirdischen Gang unter dem Grundstück der Villa XAIPE berichtet, und zwar unter dem „Schubertstöckl", einem Nebentrakt: *Nach dem Abbruch der Mühle 1756 errichtete man an ihrer Stelle die Wassermaschine des Schlosses, die von Pferden oder Ochsen betrieben wurde. Sie ist im 1819 erstellten Franziszeischen Kataster unmittelbar neben der Villa eingezeichnet. Das heute hier liegende Gebäude Grünbergstraße 2, das rechts hinter der Villa befindliche sog. „Schubertstöckl", weist im Keller einen nach weni-*

Die Villa XAIPE: barocke Villa mit griechischer Aufschrift.

gen Metern abgemauerten, in Richtung Schloß führenden „Gang" auf, bei dem es sich um den Wasserabfluß aus der Wassermaschine handeln könnte. Es gab also einen Gang, doch viel mehr weiß man nicht. Das Gartenhaus „Schubertstöckl" ist, da Pläne und Grundbucheintragungen fehlen, nicht genau zu datieren, es wurde jedenfalls zwischen 1820 und 1869 erbaut, wie aus alten Ortsplänen zu schließen ist. Ob der Gang bereits davor bestand und eventuell zum heute versiegten Mühlbach führte oder nur als Abfluss der „Wassermaschine" für die Bewässerung der Parkbrunnen errichtet worden war, kann nicht eruiert werden. Die Villa steht in Privatbesitz, sie hat seit Juli 2011 einen neuen Eigentümer und ist nicht öffentlich zugänglich.

DAS KAISERSTÖCKL

13., Hietzinger Hauptstrasse 1a: Postamt

Auch von einem anderen Gebäude, dem Kaiserstöckl an der Hietzinger Seite des Schlossparks Schönbrunn, soll ein unterirdischer Gang direkt zum Schloss führen. Dort stand früher eine Schleifmühle, an deren Stelle Maria Theresia ein Wohnhaus für ihren Leibarzt und Berater Gerard van Swieten (1700–1772) errichten ließ, das bis heute noch nicht verändert wurde. Die Vorbauten entstanden erst um 1810. Das Haus beherbergte einst noch andere berühmte Bewohner, darunter Graf

Silva-Tarouca und Staatskanzler Kaunitz, später den Staatskanzler Metternich, den König von Hannover und Bismarck. Unter ihnen finden sich also zumindest drei der engsten Berater Maria Theresias. Dass einer von ihnen unterirdisch zur Kaiserin gehen musste, ist aber eher zu bezweifeln. Die unterirdische Verbindung zwischen Kaiserstöckl und Schloss wird wohl im Sinne eines Kollektorganges der Versorgung gedient haben.

DER FLUCHTTUNNEL DER KAISERIN

Gerüchte über Fluchtgänge zwischen Schönbrunn und Hietzing wollen nicht verstummen. So sollen unterirdische Verbindungsgänge zwischen Schönbrunn und Hietzing entlang der Hietzinger Hauptstraße, der früheren Maria-Theresien-Straße, bis nach Ober St. Veit geführt haben. Und zwar bis zur Pfarrkirche St. Vitus und zum einstigen erzbischöflichen Sommerpalais, dem St. Veiter Schloss, am Wolfrathplatz. Diese sollen noch bis zum Bau der Pferdetramway im Jahre 1887 bestanden haben. Mehrmals wären deren Waggons in solche Tunnelgräben entlang der Hietzinger Hauptstraße eingebrochen, wie es heißt. Man habe daraufhin die Einbruchsstellen verfüllt, daher sei der unterirdische Fluchttunnel seither nicht mehr (durchgehend) begehbar. Maria Theresia besaß nämlich von 1762 bis 1779 das St. Veiter Schloss, sie soll die Verbindung anlegen haben lassen, um die kaiserliche Familie – sich selbst, ihren Gatten Franz Stephan und die zahlreiche Kinderschar – im Falle eines feindlichen Überfalls in Sicherheit bringen zu können. Dies erscheint logisch, denn die sicherste Fluchtroute hätte in Richtung Westen über Hietzing nach Ober St. Veit in den Schutz bietenden Wienerwald geführt. Bestätigt wurde diese Theorie jedoch nie, ganz im Gegenteil: Die Existenz der Geheimgänge wurde häufig dementiert.

Im Hietzinger Cottage

Gerüchteweise soll es aber unter einigen Villen des „Hietzinger Cottage“ bis zum heutigen Tag Einstiege in diese unterirdische Ganganlage geben, die man vielleicht noch finden könnte. Fündig wurde das Team unter einer Villa mit parkähnlichem Garten in der Kopfgasse. Das Grundstück war einst Teil einer ausgedehnten Liegenschaft in der Lainzer Straße gewesen, auf der sich nacheinander mehrere Gebäude befunden hatten: Zuerst die Faistenmühle, in der Ortschronik auch Lainzer Mühle genannt, als der Mühlbach das Grundstück noch durchquerte. Später stand hier das „Große Herrschaftshaus“, an dessen Stelle wiederum der Vergnügungspark „Neue Welt“ errichtet wurde. Nach

Der legendäre Verbindungsgang nach Schönbrunn?

dessen Abriss wurde die Villa in der Kopfgasse im Jahre 1897 vom Architekten Oskar Laske für einen zu Vermögen gekommenen Hofschneider und Kammerlieferanten des Kaiserhauses errichtet und wird heute von dessen Nachfahren bewohnt.

In der Hietzinger Ortschronik wird von einer verwinkelten Kelleranlage berichtet, die sich unter dem Garten dieser Villa erstrecken soll: *Zunächst betritt man einen 2,90 m breiten und 1,85 m hohen Kellerraum. Von diesem kann man jenen erwähnten ausgedehnten Kellerbereich unter dem Garten betreten. In Richtung Kopfgasse zweigt ein heute vermauerter Zugang ab.* Dieser Keller könnte ein Teil des legendären Verbindungsganges von Hietzing nach Schönbrunn sein: Die Entfernung vom Schönbrunner Hietzinger Tor bis zur Kopfgasse beträgt 600 Meter. Nimmt man an, dass sich der Einstieg in den Geheimtunnel unter dem ehemaligen Kaiserstöckl befand, wohin ein vom Schloss ausgehender, bereits beschriebener Geheimgang führt, hätte man also nur 600 Meter Fußweg zum rettenden Ausstieg unter der Hietzinger Villa zu bewältigen gehabt. Davor wären dann die nötigen Kutschen gestanden. Der ursprüngliche Verlauf der Hietzinger Hauptstraße, die damals noch eine von Kastanienbäumen gesäumte Allee war, lag nämlich näher zum Einstieg in die Ganganlage, sie führte durch den heutigen Garten der Villa in der Kopfgasse. Der jetzige Eigentümer erinnert sich: *Der letzte Alleebaum der alten Straße auf unserem Grund ist vor drei Jahren bei einem Sturm umgefallen. Einzelne Alleebäume dürften aber im Cottage noch stehen.* Weiters meint er: *Zwischen dem Ausgang aus dem Keller und dem alten Straßenverlauf war*

Der aus Natursteinen gebildete Gang.

ausreichend Platz, dass mehrere Kutschen mit eingespannten Pferden stehen konnten, ohne dass sie (allzu auffällig) in der Straße gestanden wären. Allenfalls wären sie auch von der Hietzinger Hauptstraße aus nicht zu sehen gewesen, wenn der Hügel, der sich heute auf dem Grund des Nachbarn befindet, höher (aufgeschüttet) gewesen wäre.

Auf seine Einladung hin konnte der Gang untersucht werden. Der Abgang zum Keller befindet sich jedoch nicht unter der Villa, sondern unter einem steinernen Gartenpavillon. Dieser wurde 1898, ein Jahr nach der Errichtung der Villa, vom Baumeister Franz Abel angelegt und diente offenbar als Ersatz für einen bereits vorhandenen älteren Zugang zum Keller. Die beiden Belüftungsschächte ragen mit gemauerten Überdachungen oberirdisch in den Garten.

Über eine steinerne Wendeltreppe gelangten wir hinunter in den Hauptgang, der parallel zur Hietzinger Hauptstraße verläuft. Der Gang befindet sich ca. zwei Meter unter dem jetzigen Gartenniveau. Dieses wurde vom Urgroßvater des heutigen Besitzers teilweise aufgeschüttet und entspricht daher nicht dem ursprünglichen Niveau aus der Erbauungszeit des Ganges. Das Gewölbe weist eine Höhe von fast zwei Metern und an der Bodensohle die beachtliche Breite von 2,9 Metern auf. Es handelt sich nicht um einen geradlinigen Gang, er weist mit einem Knick von ca. 150 Grad eine Verlaufsänderung auf und führt zum Grundstück des Nachbarhauses. Die Mauern des Gewölbes bestehen zur Gänze aus Natursteinen, sie könnten daher noch aus der Zeit des „Großen Herrschaftshauses" oder sogar der Faistenmühle stammen.

Eine Ziegelmauer aus jüngerer Zeit markiert einen der Endpunkte.

Beide Enden des Ganges sind mit je einer Bruchsteinmauer verschlossen. An einem der Endpunkt findet sich seitlich eine aus jüngerer Zeit stammende Ziegelmauer. Der Boden besteht aus gestampftem Lehm. Wie der Hausbesitzer berichtet, standen hier früher Weinfässer, denn sein Vorfahre, der am roten Berg in Ober St. Veit ausgedehnte Weingärten besaß, hatte seinen Wein selbst gekeltert. Vor einigen Jahren sollen noch die Holzauflagen der Weinbehälter vorhanden gewesen sein. Das gesamte Gewölbe ist durch zwei zur Oberfläche führende Öffnungen gut belüftet und weist ein sehr angenehmes Raumklima auf. Man kann noch einige lose Ziegel im Gang sehen, die drei verschiedenen Herstellern zuzuordnen sind: Ziegel mit dem Stempel HD aus der Ziegelei von Heinrich Drasche mit den Maßen 29 mal 14 mal 7 Zentimeter, Ziegel mit dem Stempel AM aus der Ziegelei von Alois Miesbach (betrieben von 1843 bis 1847) mit den Maßen 28 mal 14 mal 6 Zentimeter und ungewöhnlich große Ziegel ohne Stempel mit den Maßen 31 mal 14 mal 7 Zentimeter. Interessanterweise gibt es in einer der Ecken des Ganges eine ovale Bodenöffnung mit einem Durchmesser von 90 mal 100 Zentimetern, einem Brunnenschacht ähnlich und mit Bruchsteinen ausgekleidet, der allerdings bis auf ca. 50 Zentimeter Tiefe verfüllt ist. Es konnte daher nicht festgestellt werden, ob es sich tatsächlich um einen Brunnen oder nur um einen Sickerschacht handelt.

Ob hier nun tatsächlich ein Fluchtgang von Schönbrunn nach Hietzing bestanden hatte, konnte durch diese Untersuchung aber nicht eindeutig festgestellt werden. Als vor etlichen Jahren ein Beamter des Wasser-

werks den hier beschriebenen Gang betrat, meinte er sich zu erinnern, auf alten Plänen dessen kompletten Verlauf bis Schönbrunn gesehen zu haben. Um welche Pläne es sich dabei handelte, war aber nicht mehr zu eruieren. Möglicherweise existieren sie noch in irgendeinem Archiv und können eines Tages eingesehen werden. Es wäre notwendig, weitere Teilstücke ausfindig zu machen, die sich ja möglicherweise unter anderen Villen oder Lüftungsauslässen in manchen Gärten finden lassen, bis jetzt aber nicht identifiziert werden konnten.

Das abgemauerte Ende des Ganges. Ob sich hinter der Mauer eine Fortsetzung verbirgt?

DIE KELLERSTADT IN OBER ST. VEIT

13, WOLFRATHPLATZ

Der Hietzinger Ortsteil Ober St. Veit konnte seinen ländlichen Charakter bis heute bewahren. Die dörfliche Atmosphäre um den Wolfrathplatz wird von alten Winzerhäusern, der St. Veiter Kirche und dem St. Veiter Schloss bestimmt.

Im Jahr 1990 wurde bei Verlegungsarbeiten von Postkabeln ein bemerkenswerter Fund gemacht. Postarbeiter entdeckten im Bereich Wolfrathplatz eine ausgedehnte unterirdische Gewölbeanlage aus dem Mittelalter. Ein zweistöckiges Labyrinth mit zehn Gewölbekellern kam zum Vorschein. Sie dürften aus der Zeit um 1400 stammen, wie man an Hand eines Ziegels feststellen konnte. Ziegelgewölbe aus der Gotik sind eher

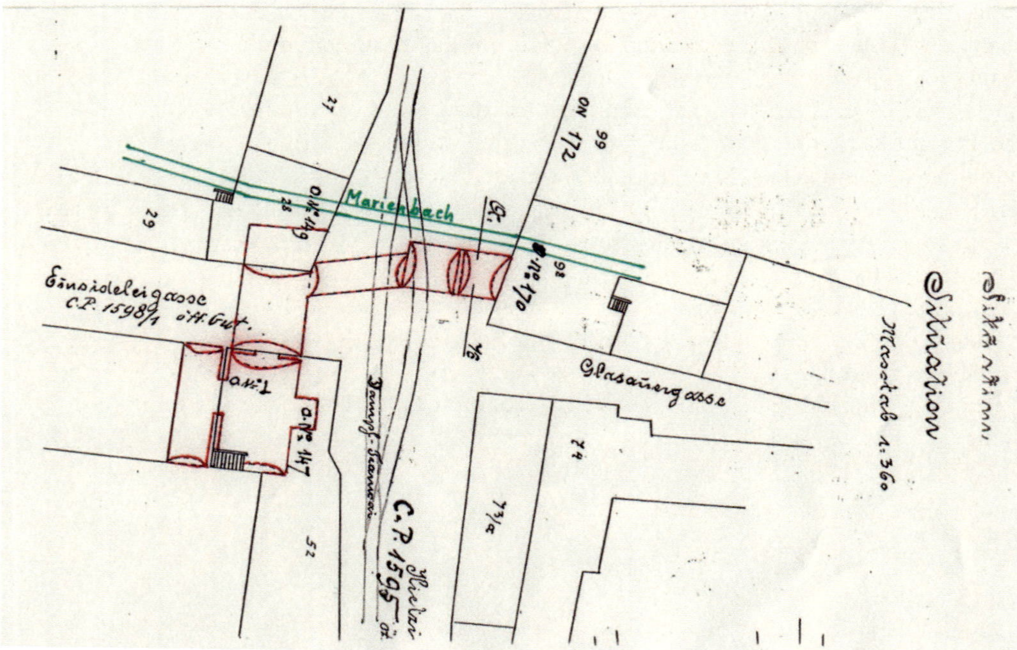

Plan der Kellerstadt von Ober St. Veit aus dem Jahr 1898. (Archiv DDr. G. Klötzl)

ungewöhnlich, denn damals baute man üblicherweise mit Bruchsteinen. Diese unterirdische Kellerstadt, deren Gewölbe untereinander verbunden sind, erstreckt sich beiderseits des eingewölbten Marienbaches und zwar unter den Häusern des Wolfrathplatzes und unter der Hietzinger Hauptstraße.

Als Erbauer dieser mysteriösen Kellerstadt vermutet man den Dompropst Wilhelm Tuers (gest. 1439). Dieser geistliche Patronatsherr ließ im Jahr 1433 die alte St. Veiter Kirche mit Meierhof und Wehranlage vergrößern und die ersten Wirtschaftshöfe mit Vorratskellern errichten. Bereits 1365 hatte der Habsburger Herzog Rudolf der Stifter Pfarre und Schloss Ober St. Veit der Erzdiözese Wien geschenkt. Seit dieser Zeit nutzten die Erzbischöfe das Schloss als Sommerresidenz. Interessant ist, dass dieses Tunnelsystem bereits ab dem Mittelalter in Ober St. Veit dokumentiert ist. Und zwar als Wehrgang unter dem ehemaligen „Festen Haus“ bzw. der Kirche. Ab der Erweiterung des damaligen Angerdorfes unter Propst Tuers dürften die bereits vorhandenen Gänge ausgebaut worden sein. In der Zeit der Türkenbelagerung und später vom erzbischöflichen Palais jeweils Richtung Hietzing wurden diese als Fluchtgänge verwendet.

Beim Bau der Dampftramway wurden einige der Gewölbe zugeschüttet. Der Historiker DDr. Klötzl konnte im Zuge seiner Dissertation über Ober St. Veit jenen Plan der Ober St. Veiter Keller ausfindig machen, der im Jahr 1898 bei der Errichtung der Dampftramway als Grundlage diente. Darauf sind sämtliche unterirdischen Gewölbe (im hier abge-

druckten Plan mit Farbe) links und rechts der Tramwaytrasse eingezeichnet. Auch jene, die man dann verfüllte, um das Einbrechen der Tramway zu verhindern.
Im Jahr 1958 stieß ein Baumeister bei Abbrucharbeiten des Hauses Nr. 149 auf Reste dieser unterirdischen Gewölbe und auf die Einwölbung des Marienbaches, über der das Haus errichtet war. Auf Grund der Unmöglichkeit, die unterirdischen Hohlräume zu verfüllen, explodierten die Kosten für den Neubau des Hauses. Der Baumeister beging daraufhin Selbstmord.
Das ganze Ausmaß der zweistöckigen unterirdischen Anlage blieb damals jedoch unerkannt. Erst anlässlich der Kabelarbeiten wurde sie wieder entdeckt. Dieser in Wien einmalige Fund kann leider nur mehr unter dem ältesten Haus, dem vor 1600 erbauten Haus Hietzinger Hauptstraße 153, heute Café und Sektbar, besichtigt werden.

VIII. Kapitel

Luftschutzkeller aus dem 2. Weltkrieg

GESTAPOGEFÄNGNIS IN DER VOLKSSCHULE

20., Karajangasse 14/Unterbergergasse 1

Seite 204/205: Abgang zum Luftschutzkeller der Postdirektion, einem der größten im ersten Bezirk.

An die Katastrophe, die nach 1938 über die „Mazzesinsel", wie Leopoldstadt und Brigittenau wegen ihres hohen jüdischen Bevölkerungsanteils genannt wurden, hereinbrach, erinnert noch einiges. Die ehemalige Volksschule in der Brigittenauer Unterbergergasse 1, heute Teil des Gymnasiums BORG 20 in der Karajangasse 14, war damals ein Gestapo-Durchgangslager. 1938 wurden fast 400 jüdische Schüler hierher in „Israelitenklassen" überstellt und später ganz von der Schule verjagt. Später inhaftierte man hier Juden zu Hunderten in den Klassenräumen, bevor man sie in die Konzentrations- und Vernichtungslager abtransportierte. Unter ihnen befanden sich auch der Kabarettist Fritz Grünbaum, der am 14. Jänner 1941 im KZ Dachau ums Leben kam, und Bruno Kreisky. Er berichtet in seiner Biografie, dass er bei seiner Einlieferung Stroh erhalten habe, um damit seinen Jutesack füllen zu können, der als Schlafstatt diente. Tagsüber mussten diese Säcke aufgestellt werden, um Platz zu schaffen. Die Häftlinge hatten keine Sitzgelegenheiten mehr, sie mussten den ganzen Tag stehen. Grünbaum habe sich da voller Galgenhumor an Kreisky gewandt: *Und die da draußen glauben, wir sitzen ...* Das traurige Schick-

Luftschutzkeller auf der „Mazzesinsel", Karajangasse 14.

Berührende Ausstellung: der original erhaltene Luftschutzkeller im Gymnasium in der Karajangasse 14.

sal der Inhaftierten ist seit 1999 Gegenstand einer berührenden und erschütternden zeitgeschichtlichen Ausstellung in dem mit seinen Gasschleusentüren, der Lüftungsanlage und Fluchtausstiegen original erhaltenen ehemaligen Luftschutzkeller dieser Schule: Die Schüler des Gymnasiums gestalteten sie in Zusammenarbeit mit dem *Aktionsradius Augarten*, einer Kulturinitiative des zweiten Bezirks, zu den Themen „Als Schulen zu Gefängnissen wurden“ und „Die verlorene Insel“, um dem Vergessen entgegenzuwirken. Sie erforschten die Lebensgeschichten der über 350 vertriebenen jüdischen Schüler von damals. Eine Mappe mit 60 Briefen der Betroffenen, die in alle Welt flüchteten und so überlebten, zeugt von den schrecklichen Tagen nach dem Anschluss und der Zeit danach. Besichtigungen sind jederzeit zu den Öffnungszeiten und nach Vereinbarung möglich.

DAS „LUFTSCHUTZRAUM-NETZ INNERE STADT“

Während des Zweiten Weltkrieges erlebte Wien 53 Bombenangriffe. Dabei wurden 9.000 Personen getötet und 30 Prozent der Häuser zerstört. Die schwersten Angriffe auf die Wiener Innenstadt erfolgten am 10. September 1944 und am 12. März 1945, sie galten vor allem den

Industriebetrieben, wie den Ölraffinerien in der Lobau und in Floridsdorf, daneben wurden jedoch auch wertvolle Kulturgüter, wie Staatsoper und Albertina, schwer getroffen.
Wie in einzelnen Kapiteln bereits mehrfach erwähnt ist, wurden die Kellerräume der Inneren Stadt während des Krieges zu Luftschutzräumen ausgebaut, wobei historische Kelleranlagen, alte Weinkeller und Lagerräume mit eingebunden wurden. Das „L-S-Raum-Netz Innere Stadt“ sah eine lückenlose Versorgung der Bewohner mit Schutzräumen und Fluchtgängen vor. Neun Hauptausstiegsstellen in Parks oder an öffentlichen Plätzen sollten garantieren, dass zumindest hier eine Rettung aus verschütteten Kellern möglich war. Zentrale Sanitätsstellen wurden als Spitalsbunker mit Notbetten und Operationsräumen eingerichtet. *Es entstand ein weitläufiges Luftschutzsystem, durch das man beinahe die gesamte Innere Stadt unterirdisch durchwandern konnte,* berichten Zeitzeugen. Damals wurden unter der Innenstadt Verbindungsstollen gegraben, aber auch Zwischenmauern entfernt, um größere Räume zu schaffen, bis schließlich drei unterirdische Hauptstraßenzüge entstanden und sämtliche Keller miteinander verbunden waren. In ihnen suchten 200.000 Menschen während der Luftangriffe Schutz, viele hielten sie fälschlich für die Katakomben. Daher mag die Meinung vieler Wiener stammen, dass sämtliche unterirdischen Gänge der Stadt zu den Katakomben unter dem Dom führen.
Die Erforschung der verbliebenen Spuren des Bombenkrieges ist die Aufgabe der Archäologie des 21. Jahrhunderts, betont der Historiker und Archäologe Dr. Marcello La Speranza, der die Luftschutzkeller, Bunker und Flaktürme erforscht. In den Bunkern im Esterházypark und im Arne-Carlsson-Park zeigt er eine eindrucksvolle Sammlung der in Luftschutzkellern gefundenen Gegenstände. Er unterstützte das Team dankenswerterweise bei der Suche nach den letzten sichtbaren Spuren des Luftschutzes in den Kellern. Eine lückenlose Aufarbeitung dieses unterirdischen Netzwerks steht bis heute aus und wäre eine lohnende Aufgabe, solange die Baggerschaufeln dessen Reste noch nicht gänzlich zerstört haben.

Der Luftschutzkeller unter der Postdirektion

1., Postgasse 8–10 · Zu den weitläufigsten der bis heute erhaltenen Wiener Luftschutzkeller zählen jene unter dem Gebäude der Postdirektion und der Hauptpost in der Innenstadt. Das Gebäude besteht aus mehreren Trakten, es erstreckt sich vom Laurenzerberg bis zur Dominikanerbastei und ist zwei- bis dreistöckig unterkellert. Das ausgedehnte Kellerlabyrinth ist noch heute begehbar. Die riesigen Gewölbekeller stammen wie auch die heutige Barbarakirche noch aus der Zeit des ehemaligen Jesuitenkonvikts, das sich hier bis zum Jahr 1554 befand.

Verlassene Gänge unter der Postdirektion.

Die Anweisungen an den Wänden sind noch original erhalten.

Ein Bombentreffer beschädigte das Gebäude schwer, die Seite der Dominikanerbastei wurde aufgeschlitzt. Wie viele Tote damals zu beklagen waren, ist nicht bekannt.
In Begleitung des Hausverwalters Josef Szalay stieg das Team in die Keller hinab. Im zweiten Untergeschoß sind die enormen Schutzräume mit ihren Schleusentüren aus Metall noch zu sehen. Fluoreszierende Leuchtstreifen sind an vielen Stellen der Wände deutlich zu erkennen.

Endlose Korridore, Flure und Keller erstrecken sich von der Dominikanerbastei bis zum Laurenzerberg.

Etliche Aufschriften weisen den Weg zu den Toiletten und zu den Wasch- und Sanitärräumen. Die Kennzeichnungen der Notausstiege, Mauerdurchbrüche und Straßennamen sind selbst nach 66 Jahren noch gut lesbar. Für Mütter mit Kindern und für Kranke gab es eigene Räume. Man kann sich gut vorstellen, wie hier einst hunderte Menschen im Dunkeln geleitet wurden und in den kalten Kellerräumen ausharren mussten. Die endlosen Korridore, Flure und Keller erstrecken sich unter der Postgasse bis zur Dominikanerbastei, auf der anderen Seite führen sie sogar bis zum Fleischmarkt, wo noch immer die gewaltigen unterirdischen Hallen des ehemaligen Laurenzerklosters existieren. Die mehrstündige Besichtigungstour führte bis unter die Barbarakirche und zu den Katakomben des angrenzenden Dominikanerklosters.

Die Rohrpost

Das 1773 errichtete Hauptpostgebäude beherbergte damals auch die „fahrende Extrapost", 1775 wurde die Post- und Telegraphendirektion hier eingerichtet. Eine Innovation besonderer Art stellte die Rohrpost dar, deren Zentrale sich ebenfalls in diesem Haus befand. Sie verfügte zwischen 1894 und 1956 in ganz Wien über 53 Rohrpoststellen, die durch 825 Kilometer unterirdische Rohrpostleitungen miteinander verbunden waren und die rasche Beförderung von Briefen ermöglichten. Die alte Uhr im großen Innenhof des Komplexes ist bemerkenswert, jedoch leider verstummt: Ihr Läutwerk besteht aus zwei übereinander montierten eisernen Hohlkugeln, die durch einen Hammer geschlagen wurden und deren Öffnungen nach unten weisen. Solche Läutwerke gab es früher auch bei den Bahnschranken.

Das Luftflottenkommando in der ÖBB-Zentrale

1., Elisabethstraße 7–9 · Nicht weniger weitläufig und tief sind die Keller unter dem Gebäude der Österreichischen Bundesbahn-Zentrale im ersten Bezirk, begrenzt von vier Straßen: der Elisabethstraße 7–9, Teilen der Operngasse, der Nibelungengasse und des Schillerplatzes. Ein unübersehbares Kellerlabyrinth auf mehreren Stockwerken breitet sich darunter aus, 36 Kellerräume wurden beim Lokalaugenschein gezählt, noch alle mit den metallenen Schutztüren ausgestattet. Auch hier dasselbe Bild: Leuchtstreifen, Aufschriften, Schleusentüren. Auch hier sind Notausstiege und Mauerdurchbrüche gekennzeichnet, die notwendigen Ausstiegsleitern sind ebenfalls noch vorhanden.
In dem Gebäude befanden sich während des Zweiten Weltkriegs die für Österreich relevanten Luftwaffen-Kommandobehörden: das Luftflottenkommando (LFl.Kdo.) 4 und das Luftgaukommando (Lg.Kdo.) XVII, zuständig für Ost- und Südösterreich sowie für Teile der Tschechoslowakei, Schlesiens und Jugoslawiens. Die Liegenschaft war 1940 durch die deutsche Luftwaffe aus dem Nachlass der verstorbenen Alice Kafka erworben worden, der Antrag auf Rückerstattung wurde 1954 zurückgewiesen. Laut Finanz-Prokuratur sei der damalige Ankauf *nicht als Mittel der politischen Repression* zu werten.

Die Votivtafel am Haus Gablenzgasse 44 erzählt von einer wundersamen Errettung durch die Jungfrau Maria.

Die LSK-, MD- und NA-Markierungen

Auch in etlichen Häusern rund um den Stephansplatz sind die Luftschutzkeller noch original erhalten, denn der Denkmalschutz verhindert voreilige Renovierungen. So finden sich im Keller des „Moserhofes", einem Geschäfts- und Mietshaus in der Tuchlauben 14, bis heute die emaillierten Leuchtpfeile, welche die Schutz suchenden Einwohner im Dunkeln zu den Notausstiegen leiteten. Vielerorts sind die Aufschriften für Luftschutzkeller, Mauerdurchbrüche und Notausstiege, abgekürzt LSK, MD und NA, erhalten geblieben. Im Deutsch-Ordenshaus aus dem 12. Jahrhundert sind sie noch in den gotischen Kellern zu lesen. Die charakteristischen Leitern mit ihren Eisensprossen führen von dort hinauf in den geschützten Innenhof des Klosters.

Auch in anderen Bezirken sind solche Markierungen noch vorhanden: unter einigen Häusern der Neulinggasse und unter dem Dannebergplatz, im Haus Spittelberggasse Nummer 26 und auch in den Außenbezirken Wiens, wo ebenfalls ein lückenloses Schutzraumnetz bestand. Am Haus Gablenzgasse 44 erzählt eine Votivtafel von einer wundersamen Errettung durch die Jungfrau Maria aus dem bombardierten Keller. Im Treppenhaus des Nachbargebäudes kann man die Marienstatue sehen, vor der die Bewohner in ihrer Not damals beteten. Keiner der genannten Luftschutzkeller ist öffentlich zugänglich.

Linkle Seite: Die Statue der Gottesmutter im Treppenhaus des Nachbargebäudes.

NACHWORT

In diesem Buch zeigten wir in Wort und Bild nur einen kleinen Teil der wenig bekannten und teils völlig unbekannten unterirdischen Keller, Gänge und Tunnel von Wien. Wir verfolgten so manche Spur und öffneten jahrzehntelang verschlossene Räume. Gelegentlich konnten wir etwas Licht ins Dunkel der Tiefen bringen und deren Geheimnisse entschlüsseln, manchmal blieben Fragen offen.

Da es den Umfang dieses Buches gesprengt hätte, alle Facetten der Wiener Unterwelt zu beschreiben, wollen wir dies anderen Autoren überlassen: So wurden beispielsweise die Themen rund um das Wiener Kanalsystem ausgespart, und ebenso die Erforschung weiterer heute noch vorhandener Luftschutzkeller. Auch den vielleicht irgendwo vorhandenen Resten von Hauskellern in den beim Herannahen der Osmanen zerstörten „Lucken" vor der ehemaligen Stadtmauer gingen wir, außer in einem Fall, nicht weiter nach. Doch sind unsere eigenen Forschungen im Untergrund noch lange nicht abgeschlossen, denn zu viel Unbekanntes, Verborgenes und Rätselhaftes schlummert unter den Häusern von Wien.

Der Abstieg in die Unterwelt des Sacre Cœur am Rennweg.

DANKSAGUNG

Wir danken all jenen, die uns bei unseren Recherchen behilflich waren: Allen voran denjenigen, die uns bereitwillig ihre Kellertüren öffneten. Vor allem den Haustechnikern, die sich die Zeit nahmen, uns durch ihr unterirdisches Reich zu führen.

Den Leitern und Mitarbeitern der Wiener Bezirksmuseen I., III., VIII., und XVIII., die uns mit ihrem Wissen und Archivalien zur Verfügung standen.

Den Herren Martin Schmeiser, Michael Strobach, Dr. Marcello La Speranza und Alfred Buttazoni für ihre fachliche Hilfestellung.

Den Herren DDr. Gebhard Klötzl, DI Dr. Erich Schlöss und DI Arch. Raimund Heinz für ihre zahlreichen Hinweise und die freundliche Überlassung von Bauplänen.

Der Arbeitsgruppe „Verborgene Räume" für die Mitteilungen über sehenswerte Objekte. Insbesondere: Felix Krepler, Thomas Keplinger, Georg Demmer und Dr. Gerhard Hertenberger.

Herrn Eckhart Herrmann vom Landesverein für Höhlenkunde in Wien und Niederösterreich für das Vermessen und das Zeichnen seiner hervorragenden Pläne.

Frau DDr. Anna Ehrlich für die Strukturierung und sachkundige Überarbeitung des Manuskripts.

Andreas Hajek für die Unterstützung unseres Auftrittes im Internet www.getyourweb.at

Ganz besonderer Dank gilt unseren Familien für ihre Geduld, wenn wir die Arbeit an diesem Buch allem anderen voranstellten.

Zerbrochenes Glas: Hinweistafel im ehemaligen Beatrixbad.

QUELLEN UND LITERATUR

Bauer, Edith: Heinrich von Neustadt. In: Neue Deutsche Biographie 8, 1969

Bouchal/Lukacs: Unheimliches Wien, Pichler 2010

Bouchal/Lukacs: Das geheime Netz der Templer in Österreich, Pichler 2010

Bouchal/Lukacs: Geheimnisvoller Da-Vinci-Code in Wien, Pichler 2009

Buchinger, G.; Vierkantpfeiler. In: Österreichische Zeitschrift für Kunst und Denkmalpflege, 2002

Broucek, Peter, Erich Hillbrand, Fritz Vesely: Historischer Atlas zur Zweiten Türkenbelagerung Wien 1683, Wien Deuticke, 1983

Csendes, Peter: Erinnerung an Wiens Türkenjahre. Wiener Bezirkskulturführer Nr.29, 1983

Czeike, Felix: Das große Groner Wien Lexikon, 1974

Eicher, Dietmar Roland: Die Wasserversorgung des Schönbrunner Schloßparks von den Anfängen bis zur Hochquellenwasserleitung, 1997 Diplomarbeit an der Universität f. Bodenkultur Wien

Fuchs, M.: Der österreichische Geheimdienst, Wien 1994

Glück/La Speranza/Ryborz: Unter Wien, Berlin 2001

Haubner, J. G.: Beschreibung des Theseums und dessen unterirdischer Halle in dem öffentlichen Garten nächst der k.k. Burg, Wien: 1827

Heimatbuch Währing, 1923

Gugitz, Gustav: Die Sagen und Legenden der Stadt Wien, Wien 1952, Nr. 118

Jancik, Hans: Das „Kaiserhaus", Wien 1975

Karajan, Theodor Georg von: Die alte Kaiserburg zu Wien vor dem Jahre MD, nach den Aufnahmen des k. k. Burghauptmannes Ludwig Montoyer, Wien 1863. In: Berichte des Alterthumsvereines zu Wien, 6. Bd.

Kisch, Wilhelm. Die alten Straßen und Plätze Wiens und ihre historisch interessanten Häuser. Wien 1883

Kuhn, Robert: PastFinder Wien. Vom Kaiserreich bis zum Staatsvertrag. Stadt- & Reiseführer, Berlin 2010

Kunze, Gerhard: Tiergarten Schönbrunn, Wien 2006

Kutiak, August Franz: Ein Haus erzählt von einer Familie und einer Apotheke, o.J.

La Speranza, Marcello: Burgen, Bunker, Bollwerke – Historische Wehranlagen zwischen Passau und Hainburg, Graz 2004

Lukacs/Krenslehner: Geheimnisvoller Tiergarten Schönbrunn, Wien 2006

Patsios, Elisabeth: Loos Bar, Wien 2011

Pemmer, Hans/Englisch, Franz: Wiener Geschichtsblätter 36. Jg., Wien 1981 (Die Beatrixgasse)

Pemmer/Englisch: Landstraßer Häuserchronik, 1958

Pohanka, Reinhard: Wien. Stadt unter dem Hakenkreuz, Wien 1996

Rotter, Hans: Die Josefstadt. Geschichte des 8. Wiener Gemeindebezirks, Wien 1918

Schlöss, Erich: Jüngste Erkenntnisse zu drei Wiener Villen Metternichs. In: Wiener Geschichtsblätter Nr. 4/2002 S. 329–334

Schön, Doris: Zur Anlage von Eiskellern. In: Fundort Wien 6/2003 und Fundort Wien 7/2004

Schwarz, Ignaz: Das Wiener Ghetto. Seine Häuser und seine Bewohner, Wien 1909

Stieböck, Leopold: Vom unterirdischen Wien. In: Alt-Wien: Monatsschrift für Wiener Art und Sprache, Bd. 5, Wien 1896

Suess, Eduard: Der Boden der Stadt Wien nach seiner Bildungsweise. Wien 1862

Unterreiner, Katrin: Sisi. Mythos und Wahrheit. Wien 2005

Weihsmann, Helmut: Bauen unterm Hakenkreuz. Architektur des Untergangs, Wien 1998

Weis, Doris: Das Türkenloch. In: Bezirkszeitung Währing vom 10. 8. 2008

Weissenbacher, Gerhard: In Hietzing gebaut, Band I und II, Wien 2000

Wiener Diarium 1746 Nr. 46

Zedinger, Renate: Franz Stephan von Lothringen (1708–1765): Monarch, Manager, Mäzen.

Zedinger, Renate: Lothringens Erbe. Katalog zur Ausstellung, Schallaburg 2000

Berichte und Archivalien

Bezirksjournal Hietzing 1/1990

Cor Unum, Jahresbericht Sacre Coeur 1980, Fotodokumentation der entdeckten Keller.

Doubek, Rudolf: Abenteuer unter der Erde. Keller im alten Wien, unveröff. Manuskript o. J. im Bestand Wiener Stadt- und Landesarchiv K3182

Handschriftensammlung der ÖNB cod.15.172 fol. 13 (ganzseitige Miniatur Plan du Laboratoir de S.M.I.)

Klosterakten des Himmelpfortklosters, Wiener Stadtarchiv, Rep. 44, S333.

Pötzleinsdorfer Pfarrblatt 1987, Artikel v. Rudi Speil

Sancta Crux 62. Jg., Nr. 118, Heiligenkreuz 2001, S. 91

Zeitschrift „Österreichische Postrundschau“ Nr. 210 (März 1966) und Nr. 314 (November 1974). Festschrift des damaligen Handelsministeriums „100 Jahre im Dienst der Wirtschaft“

Neues Wiener Tagblatt 19. 11. 1943: Unter den Gassen und Plätzen von Wien. Eine Kellerstadt mit drei Stockwerken

Welt am Montag 26. 7. 1948: Die Stadt unter der Erde. Aus den Geheimnissen des unterirdischen Wien. Von Wein-, Luftschutz- und anderen Kellern (Elisabeth Thury)

WNN 25. 1. 1931: Alt-Wiener Kellerschenken. (Pankraz Schul)

Seite 218/219: Der Zugang zum Kellerlabyrinth in der Wipplingerstraße 8.

Diese Tür ist immer
geschlossen zu halten

… NOCH EINIGE WORTE ZU DIESEM SPANNENDEN BUCH

Nachdem ich als Höhlenforscher über 25 Jahre lang die unterschiedlichsten Länder bereist habe und zahlreiche faszinierende Höhlen besuchen durfte, zog es mich immer wieder auch in die von Menschen geschaffenen Labyrinthe: hinab in Keller, Tunnel und Katakomben. Diese verborgenen Bereiche beherbergen wertvolle Informationen über unsere Vergangenheit, bringen längst Vergessenes noch einmal in unser Sichtfeld. Bei unseren Forschungsarbeiten und Recherchen entdeckte ich immer neue Türen und es begegneten mir Menschen, welche uns mit Begeisterung auf der Spurensuche begleiteten.
Wir wollen für Sie, liebe Leserinnen und Leser, in diesem Werk Fenster in die Vergangenheit öffnen und Ihnen einen Blick in die Tiefen des weit verzweigten Untergrunds dieser wunderbaren Stadt ermöglichen – ich darf Ihnen versichern, dass es noch weitere Fenster für Sie geben wird. Sorgfältig haben wir Geschichten, Legenden und Erzählungen aus den verschiedensten Blickwinkeln unter die Lupe genommen, Tausende von unglaublichen Bildern sind entstanden, welche ich Ihnen alle gerne zeigen würde. Da unsere Bücher dafür nur einen beschränkten Platz einräumen, biete ich Ihnen auf meiner Internetseite einen Bereich, der weitere Bilder und Filme von den Forschungsarbeiten zeigt.
Sollten Sie mir unterirdische Orte in und um Wien nennen wollen, die zu besuchen sich lohnt, schreiben Sie mir!

Ich möchte keinen der Augenblicke missen, in denen mir das Licht meiner Helmlampe neue Wege zeigt.

Robert Bouchal www.bouchal.com

STADTSPAZIERGÄNGE

Autorenführungen zum Thema des Buches mit Gabriele Lukacs bietet die Firma Wienfuehrung an. Alle Infos auf www.wienfuehrung.com; mailto: office@wienfuehrung.at

Gabriele Lukacs

Alchemisten und seltsame Wirrköpfe, Zauberer und Goldmacher fanden in der Kaiserstadt Wien einst einen fruchtbaren Boden; noch immer treiben „weiße Frauen" und Poltergeister in Häusern und Palästen ihr Unwesen – keine andere Stadt kann mit einer so großen Anzahl an gruseligen Schauplätzen und Sammlungen aufwarten. Robert Bouchal und Gabriele Lukacs führen in diese dunkle Welt von Wien, in das Reich des Schauderns und des Todes ...

Robert Bouchal · Gabriele Lukacs
UNHEIMLICHES WIEN
Gruselige Orte · Schaurige Gestalten · Okkulte Experimente

208 Seiten, 17 x 24 cm
Hardcover mit SU, zahlr. Farbabb.
€ 24,95 · ISBN: 978-3-85431-534-6

pichler verlag

IMPRESSUM

ISBN: 978-3-85431-567-4

Covergestaltung: Bruno Wegscheider
Produktion und Gestaltung: Alfred Hoffmann

Reproduktion: Pixelstorm, Wien
Druck und Bindung:
Neografia AG, Martin, Slovakia